LA LANGUE FRANÇAISE

ET

L'ENSEIGNEMENT EN INDO-CHINE

PAR

E. AYMONIER

Directeur de l'École Coloniale, Membre du Conseil d'Administration
de l'*Alliance française*.

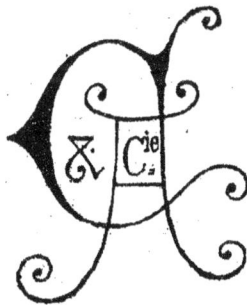

PARIS

ARMAND COLIN ET Cie, ÉDITEURS

1, 3, 5, RUE DE MÉZIÈRES

1890

LA LANGUE FRANÇAISE

ET

L'ENSEIGNEMENT EN INDO-CHINE

Coulommiers. — Imp. Paul BRODARD et GALLOIS

LA LANGUE FRANÇAISE

ET

L'ENSEIGNEMENT EN INDO-CHINE

PAR

E. AYMONIER

Directeur de l'École coloniale
Membre du conseil d'administration de l'Alliance française

PARIS

ARMAND COLIN ET Cie, ÉDITEURS

1, 3, 5, RUE DE MÉZIÈRES

—

1890

LA LANGUE FRANÇAISE

ET

L'ENSEIGNEMENT EN INDO-CHINE

I

(Communication faite au Congrès colonial international, le 31 juillet 1889.)

Nos possessions indo-chinoises, plus vastes que la France, comptent près de 20 millions d'habitants et en nourriront un jour 30 ou 40.

La conquête matérielle est faite. Nous ne reviendrons pas sur le caractère pénible et coûteux donné à cette conquête par l'absence de visées nettes sur le but poursuivi et sur les moyens à employer. Mais, des fautes du passé, nous devons déduire les leçons de l'avenir. Dans la tâche, si délicate, de l'organisation définitive, la conduite sans ordre, sans plan défini, au hasard, au gré des événements, serait plus nuisible encore qu'elle ne l'a été pendant les dix années de campagnes militaires ou diplomatiques qui viennent de s'écouler. Il faut savoir ce que l'on veut, et, le but étant choisi, la voie étant tracée, il faut y marcher avec esprit de suite, d'un pas ferme, sans répéter dans la conquête morale les tâtonnements que nous avons payés si cher dans la conquête matérielle.

On a parlé nettement, il est vrai, des débouchés

commerciaux que ces nouvelles colonies donneraient à la France. La question, ainsi posée, est très
incomplète. Les goûts et les besoins de 20 millions
d'hommes, pauvres, ignorants, ou imbus d'une civilisation très différente de la nôtre, ne se décrètent pas
d'un coup de plume. Il faut, auparavant, développer
progressivement et mettre en œuvre les richesses
latentes — matérielles ou morales — qui existent
dans ces pays. Il est nécessaire, en même temps,
de créer les attaches intellectuelles qui, plus sûrement que la force brutale, et en dépit des distances,
uniront à la France ces contrées transformées et
enrichies.

Pas plus pour un avenir rapproché que pour un
avenir lointain, ni pour la présente génération, ni
pour les futures, n'a été abordé nettement ce côté
moral de l'organisation de notre empire de l'Extrême-
Orient.

Toutefois, les personnes qui se tiennent au courant
des publications faites sur l'Indo-Chine, reconnaîtront
sans peine qu'une école se dessine qui, confusément
encore, tend à ceci : faire l'éducation politique et
scientifique de la race annamite, de beaucoup la plus
nombreuse, tout en lui conservant son originalité,
son esprit, ses institutions, sa langue. On arriverait
ainsi à constituer une future nation annamite qui
progresserait, il est vrai, en civilisation, mais dans
des voies mixtes, bâtardes, différentes de celles de la
France ; elle ne tiendrait à notre patrie que par un
lien que ces progrès mêmes rendraient de plus en
plus fragiles, celui de la force. Il y a trente ans, les
Français auraient, sans trop rire, invoqué un autre
lien, celui de la reconnaissance ; mais actuellement,
si le plus naïf peut s'illusionner au point de croire
que les Annamites nous en doivent pour nous être
violemment implantés chez eux, celui-là même est

bien fixé sur la valeur du simple sentiment de grati-
tude, de peuple à peuple.

Au lieu de songer à réformer partiellement la race
annamite, peut-on viser dès maintenant à constituer
là une France asiatique liée solidement à la France
européenne par cette communauté d'idées et de sentiments qui, seule, fera bénéficier directement la
métropole des progrès futurs de la colonie ?

Je réponds : Oui! Et je viens essayer d'établir ici
le moyen le plus sûr et le plus efficace d'obtenir ce
résultat suprême. C'est la diffusion de la langue
française en Extrême-Orient.

A mes yeux, le problème se réduit, en réalité, à
cette question de langage. Je ne tiens ni à faire
endosser aux Annamites nos vêtements, incommodes
pour leur climat, ni à leur donner brusquement nos
lois ou nos institutions, qui mériteraient presque le
même reproche. L'organisation administrative de ces
peuples n'a besoin que d'être inspirée d'un esprit
nouveau et vivifiant. Leur famille vaut la nôtre.
Leur commune est, pour ainsi dire, une arche sainte,
que, dans notre propre intérêt, nous devons res-
pecter profondément. Et si, par exception, j'accorde
l'importance considérable que l'on verra à notre
religion, c'est qu'il y a, en nos missionnaires, un instrument merveilleux de diffusion pour la langue nationale aussi bien que de sécurité pour notre domination présente ou future.

L'adoption progressive de la langue française par
les Indo-Chinois est possible parce que, en se bornant aux raisons simples mais capitales : 1° ces peuples sont essentiellement dociles et susceptibles d'éducation ; 2° ils sont dépourvus de langue. Leur idiome
national, écrasé par l'usage constant et séculaire de
l'écriture et de la littérature chinoises, est resté à
l'état de patois rudimentaire.

Pour indiquer combien cette race annamite, dénuée de fanatisme religieux ou politique, — je parle de la plèbe, c'est-à-dire des dix-neuf vingtièmes de la population, — est malléable, faite à plaisir pour des conquérants (en ce moment du moins, car à la longue notre présence modifiera certainement cet état de choses à notre détriment), je ne citerai que deux faits : la résignation qui, en Cochinchine française, lui fait supporter patiemment les lourds impôts et les nombreuses expériences dues à l'ignorance et à l'instabilité de nos gouvernants ; et la facilité avec laquelle cette race se convertit partout au catholicisme.

« Ils changent de religion pour un sac de riz », disent les vieux chrétiens de la plupart des néophytes. Les missionnaires sont obligés de reconnaître que la première génération ne vaut pas grand'chose. La seconde est meilleure, et la troisième très bonne, ajoutent-ils. Il y a dans ces mots, dictés par une longue expérience, une indication nette de ce que sera la future France asiatique si nous la fondons sérieusement.

La langue annamite est restée à l'état de patois rudimentaire, ai-je dit. Vu l'importance du sujet, on me permettra d'entrer ici dans quelques détails techniques que j'abrégerai d'ailleurs le plus possible.

On sait que l'empire d'Annam, après avoir longtemps supporté la domination matérielle de la Chine, subit encore complètement sa domination morale (et il n'y a pas de sécurité pour notre conquête si nous ne parvenons pas à changer cette orientation des esprits). La littérature est entièrement chinoise, avec une prononciation particulière. Quant aux embryons de littérature populaire, ils sont dédaignés et considérés comme étant de mauvais goût. Le chinois remplit ici un rôle comparable à celui du latin en

Europe, pendant le haut moyen âge, avant la formation des dialectes modernes; mais cet état de choses est singulièrement aggravé par ce fait que le chinois et l'annamite sont des langues *vario-tono*, monosyllabiques, figées par l'écriture idéographique.

Ainsi l'annamite a six tons, c'est-à-dire que le son représenté par *ma*, par exemple, donne six mots différents en variant le ton, qui peut être égal ou naturel, élevé, descendant, bas, montant, puis montant et redescendant.

Ces six manières de prononcer *ma* constituent ce qu'on appelle, en termes techniques, six phonétiques. Le français peut nous donner une idée assez nette du rôle de ces phonétiques, quoique de pareilles pratiques soient l'exception dans nos langues, et non la règle comme dans les mots monosyllabiques annamites ou chinois. Nous pouvons supposer que le son représenté par les trois lettres *sin* est une phonétique, et, selon la manière dont nous l'orthographions, nous obtenons cinq mots homophones, mais de sens très différents : *sain, saint, sein, seing, ceint.*

Or la langue annamite se compose de quelques centaines de phonétiques comparables à *sin* et d'un nombre énorme d'homophones, très bien figurés par les caractères idéographiques, mais confondus par nos transcriptions européennes qui ne peuvent représenter que le son, ou autrement dit, que les phonétiques. Excessivement pauvre de mots, et ne pouvant exprimer que des idées très usuelles, l'idiome vulgaire devrait, pour devenir une langue littéraire, subir une transformation si longue, si pénible et si incertaine, qu'il serait assurément plus simple de faire adopter au peuple qui le parle une langue étrangère, apte à l'initier aux arts, aux sciences, à la philosophie d'Europe, et propre à rendre clairement les nuances diverses de la pensée.

1.

C'est au point que les savants, qui espèrent en l'avenir de la langue annamite, sont réduits à compter sur un développement problématique qui se ferait en vertu de lois absolument conjecturales.

Au point de vue linguistique, pareille transformation serait peut-être curieuse à observer... pour nos arrière-arrière-petits-neveux, et je serais bien aise, si elle devait s'opérer, de m'endormir pour me réveiller dans cinq ou six siècles, afin de pouvoir étudier les résultats du contact de ce dialecte rudimentaire avec la civilisation et l'écriture européennes.

Mais peut-on sérieusement faire entrer en ligne de compte ce côté philologique d'une question dont l'importance est politique avant tout? La langue annamite fût-elle suffisamment formée, que l'intérêt élémentaire des conquérants serait encore de substituer énergiquement leur langage à celui des conquis.

La lutte pour la vie de nation à nation, aujourd'hui si intense, revêt souvent, et avec raison, la forme d'une lutte de langues.

Par suite de nos fautes passées, il est bien mesquin sur le globe, le lot du doux parler de la vieille France, du clair et harmonieux idiome de Pascal, de Bossuet, de Racine, de Mirabeau, de Victor Hugo! Seront français les peuples réellement francophones, la communauté de langue amenant celle des goûts, des idées et des sentiments. Quelle que soit la distance matérielle qui les séparera de nous, ces peuples seront aussi nos plus sûrs clients commerciaux. La transplantation complète de notre langue en Indo-Chine peut seule compenser les frais, les lourds sacrifices d'hommes et d'argent que nous a imposés cette lointaine conquête; et j'ajoute qu'elle les compensera au centuple.

A mon avis, sans nous attarder aux curiosités philologiques d'un développement problématique de l'idiome annamite, reconnaissons que nous avons un intérêt national de premier ordre à donner notre langue française•aux 20 millions de fils adoptifs que nous avons en Extrême-Orient.

Si ma foi en l'avenir de cette future France asiatique est robuste, je ne dois pourtant pas dissimuler combien sont mesquins les résultats obtenus jusqu'à ce jour, et combien ils seraient peu encourageants, si nous ne pouvions reconnaître les causes du mal et en indiquer les remèdes.

La Cochinchine française, où nous sommes depuis trente ans, inscrit près de 2 millions de francs à son budget de l'instruction publique, pour arriver à créer nombre de déclassés ou d'aspirants-fonctionnaires qui, pour la plupart, aussi ignorants que prétentieux, savent surtout greffer les défauts français sur les vices annamites. En rien et nulle part, l'action de notre langue ne se fait sentir dans les couches populaires.

Une des erreurs du système adopté dans ce pays a été de croire que le *quoc-ngu*, ou écriture romaine appliquée à la représentation de l'annamite vulgaire, et créé par les missionnaires pour un enseignement très rétréci, donnait une base suffisante à l'instruction publique. On ignorait ou on oubliait que la langue parlée, seule figurée par cette écriture, était insuffisante. On ne paraissait pas se douter que cette écriture ne devait être considérée que comme un instrument simple, d'un maniement très facile, mais d'un emploi excessivement limité.

La docilité des conquis et l'ignorance des conquérants sont telles qu'il a été ordonné, il y a tantôt dix ans, d'établir, en cette écriture, les registres d'impôt. C'était décréter la confusion des nombreux mots que représente une phonétique. Les communes cochinchinoises, incapables de se tirer de ce dédale, payèrent très cher des intermédiaires qui souvent n'avaient d'autres titres que leur audace. En 1885, l'un de ceux-ci avouait en ma présence qu'il avait gagné 30 000 francs en deux ans à établir des registres d'impôt pour les villages. Son travail lui aurait sans doute paru plus difficile, s'il avait possédé à fond l'idiome aux six tons. Que de charges inintelligentes, que de vexations pour les paysans cochinchinois laisse entrevoir ce coin de voile soulevé : ces intermédiaires, français ou annamites, pouvant se compter par centaines !

La seconde erreur est d'avoir fait considérer l'acquisition, même superficielle, du français, comme la porte d'accès des fonctions officielles qui sont visées avant tout, je pourrais dire uniquement visées, par les jeunes gens étudiant les éléments de cette langue. Cette erreur est, en grande partie, la conséquence de la précédente qui, basant l'instruction populaire sur l'étude de l'annamite figuré en caractères européens, laisse forcément le français à l'état de langue étrangère que les ambitieux seuls doivent acquérir. Les aspirants, tirés ainsi de leurs familles, sont infiniment plus nombreux que les emplois à occuper, et la masse des déclassés augmente chaque jour.

Pourtant, avant la conquête, l'instruction chinoise, très répandue, solidement organisée, largement assise, n'envoyait aux fonctions officielles élevées qu'une élite peu nombreuse et ne produisait pas de déclassés. Ne pourrait-on pas asseoir sur des bases analogues l'instruction française et faire envisager dans l'étude de notre langue, non seulement l'entrée des fonctions officielles, mais encore la porte ouverte sur ce vaste domaine intellectuel dont le peuple annamite sera aussi avide que tout autre, dès qu'il l'aura entrevu ?

Nous répondrons à cette question plus loin, en

esquissant les moyens et les procédés d'instruction à établir.

Une troisième erreur, de beaucoup la faute la plus grave, a été d'oublier en Indo-Chine, les grandes traditions de la politique française, de la Convention aussi bien que de Louis XIV, et d'infirmer la parole de Gambetta disant que la guerre au cléricalisme n'était pas un article d'exportation.

Les amiraux, anciens gouverneurs, — et il faut toujours revenir à ces hommes lorsqu'on veut parler de mesures à la fois sages, honnêtes et patriotiques, — se transmettant une tradition de haute politique, donnaient aux deux seuls évêchés de la Cochinchine française une subvention annuelle qui s'est élevée jusqu'à la somme de 160 000 francs.

Cette allocation fut brusquement et radicalement supprimée après le départ des amiraux.

En même temps, il fallait laïciser, remplacer tous les congréganistes par des instituteurs appelés de France, qui coûtèrent infiniment plus cher. Ils dévorent presque inutilement la plus grande partie de ce gros budget de l'instruction publique de la Cochinchine française. Par goût personnel autant que par devoir, il n'entre pas dans mon esprit de faire aucune allusion directe ou indirecte à ce qui existe en France, où les circonstances sont très différentes d'ailleurs, où nous sommes chez nous, en famille. Mais à l'étranger, ou dans des pays de récente conquête non assimilés, c'est une grave faute que de repousser le concours d'une catégorie quelconque de citoyens prêts à travailler pour le but patriotique commun.

A ce propos, vidons en quelques mots cette question des missions.

Par leur seule présence, les missionnaires et les chrétiens nous ont singulièrement facilité la prise de possession et la conservation de ces lointaines con-

trées. Le parti de la résistance nationale, plus clairvoyant que la plupart des Français, ne s'y est jamais
trompé. En quelques années, je pourrais presque
dire en quelques mois, d'après les ordres et les pré-
paratifs de ce parti, plus de 50 000 chrétiens, de tout
âge et de tout sexe, ont payé de leur vie les insignes
maladresses de la conquête française.

Les ignorants, les gens dépourvus de jugement, de
sens critique, incapables de concevoir la loi qui pro-
portionne à leurs causes les événements historiques,
ont essayé de chercher divers motifs à ces grandes
hécatombes. Le seul réel et digne, pour ainsi dire, de
la sauvagerie de ces *vêpres* annamites, était puisé
dans les nécessités de la défense nationale de
l'Annam.

De ce rôle de victimes, missionnaires et chrétiens
ont été récompensés par de criants dénis de justice.
Auprès de la cour de Hué, nous nous excusons de
l'appui de ces auxiliaires. Nous les répudions même,
au détriment de notre influence, de notre prestige.
Car la meilleure politique vis-à-vis des Orientaux est
de mettre résolument en pratique le précepte : durs
aux ennemis, doux aux amis.

Voilà pour le passé.

Quant à l'avenir, soyez persuadés que la France
ne fondera dans ces pays rien de stable et de définitif,
sans l'aide de ces hommes trop souvent sacrifiés. A
moins de songer à abandonner l'Indo-Chine, solution
dont on peut défier n'importe quel gouvernement, il
importe au premier chef d'assurer en France le recrutement annuel de cinquante à cent missionnaires.
Ces religieux qui, au lendemain des plus terribles
désastres, recommencent leur travail de fourmi avec
une persévérance et un esprit de suite que je souhai-
terais de tout cœur aux gouvernants de notre patrie ;
ces prêtres, qui dirigent les consciences des hommes,

des femmes et des enfants, seront, si nous le voulons, nos puissants auxiliaires dans cette tâche gigantesque et patriotique : l'imposition de notre langue nationale aux peuples de l'Indo-Chine.

Je ne vais pas jusqu'à demander de subventionner leur culte, à l'instar des anciens gouverneurs, les amiraux. Non. A nos missionnaires catholiques français je ne donnerais, mais sur de plus larges bases, que les subventions que les Anglais leur accordent dans les Indes, en faveur de l'enseignement.

Ils sont à notre discrétion; et, avec de justes égards, de fortes allocations, ne pouvons-nous pas exiger qu'ils contribuent énergiquement à la propagation de l'idiome national?

Nous avons en Indo-Chine, sauf erreur, neuf évêchés et 500 000 à 600 000 chrétiens. Par parenthèse, trois de ces évêchés, au Tonkin, appartiennent aux dominicains espagnols. Le rôle de ces prêtres étrangers est neutre, si ce n'est hostile, en face de celui des missionnaires français dont le patriotisme est généralement ardent. Cette question des prêtres espagnols du Tonkin, non résolue, pas même soulevée, caractérise, à elle seule, d'une manière frappante, le décousu, l'incurie, le manque de visées nettes de notre politique coloniale.

A chacun de ces neuf évêchés, je proposerais de donner 100 000 francs de subvention annuelle, à condition de se mettre, à bref délai, en mesure d'enseigner le français à un millier d'élèves. On promettrait aussi d'augmenter, après résultats constatés, cette subvention, de 100 francs pour chaque élève qui serait ajouté au chiffre primitif.

Avec un million de subvention, nous aurions presque immédiatement, pour toute l'Indo-Chine, 10 000 jeunes gens apprenant le français. Bientôt, pour 20 000 élèves, nous ne donnerions que les 2 millions dépensés actuellement par la seule Cochinchine, qui n'obtient que des résultats dérisoires.

L'administration, nous le verrons, peut, de son côté, fonder et entretenir des écoles publiques de garçons. Mais sa tâche serait trop délicate en ce qui concerne les filles, qui pourtant doivent être instruites, si l'on veut arriver au but patriotique que nous visons. Ici, l'administration impuissante sera avantageusement remplacée par des centaines de ces humbles filles à cornettes, qui, vouées elles-mêmes au célibat, nous donneront des milliers d'enfants d'adoption.

Laissons donc aux missions le choix des voies et des moyens, ainsi que celui de leurs auxiliaires, frères ou sœurs, et bornons-nous au rôle relativement facile de constater les résultats obtenus, afin de fixer les subventions en proportion.

Si le chiffre des élèves des missions augmentait au point de rendre les allocations trop lourdes pour les finances du pays, il suffirait d'élever les exigences des programmes servant de base à ces subventions. Alors, l'essentiel serait fait, le premier branle donné, et l'enseignement populaire fondé.

Dans les écoles publiques, entretenues directement par l'administration, nous pourrions avoir un nombre d'élèves égal à celui des écoles subventionnées, en dépensant trois ou quatre fois plus d'argent, il est vrai, mais il ne faut pas oublier que la concurrence, en matière d'enseignement, est utile, vivifiante, nécessaire, et que des raisons de premier ordre s'opposent à ce que les seules écoles de français de l'Indo-Chine soient celles des missions.

Avec cette double série d'écoles de français, les unes subventionnées, les autres entretenues, et avec de nombreuses écoles professionnelles, les bases de l'enseignement de la langue, de la transformation morale et intellectuelle du pays seraient posées. Les sujets les plus distingués de toutes ces écoles viendraient se perfectionner dans les diverses institutions techniques de la métropole.

Une question de la plus haute importance serait le choix et la large diffusion des livres élémentaires, appropriés à la situation, donnant les notions morales et les connaissances pratiques utiles à nos nouveaux sujets. Ces connaissances élémentaires consacreraient l'étude du français, qui serait exigé à l'entrée des écoles professionnelles, à l'entrée de toutes les fonctions officielles, et aussi à l'entrée de certaines carrières assez recherchées par les indigènes.

Ainsi, les *médecins*, très nombreux en Cochinchine, se transmettent, à leur gré, leurs pratiques empiriques, souvent puériles ou enfantines. Si j'ai bonne mémoire, ils payent patente, ce qui remplace tout brevet ou diplôme. Ne serait-il pas utile, transitoirement, de créer des écoles de médecine indigène où seraient enseignées les notions élémentaires de la médecine française, où serait faite aussi, s'il y a lieu, l'étude raisonnée des procédés indigènes, et où la connaissance suffisamment approfondie de la langue française serait exigée des aspirants? Puis, décider que ces nouveaux médecins ou officiers de santé indigènes, qui pourraient être brevetés, remplaceraient progressivement les anciens *maîtres en médecine*.

Dans la pratique et dans l'application, se présenteraient une foule de moyens et d'expédients susceptibles d'être saisis pour marcher sûrement et rapidement au but. Plus tard, par exemple, la qualité de citoyens français serait réservée, en principe, aux Annamites possédant la langue nationale.

De notre côté, il faut nous habituer à cette idée juste et de bonne politique : l'égalité d'instruction a pour conséquence l'égalité des droits. Le jour où tous les Indo-Chinois parleraient français, l'autonomie pourrait leur être octroyée sans inconvénients ; les liens moraux remplaceraient avantageusement la force matérielle.

Ne quittons pas ce sujet sans émettre un dernier vœu. Dans l'intérêt de la cause patriotique que nous défendons, il serait fort utile que l'orthographe, souvent bizarre et irrationnelle du français, perdît en partie son rigoureux formalisme et ses irrégularités qui augmentent beaucoup les difficultés de l'étude de la langue.

Faut-il, enfin, se défendre de conduire l'Indo-Chine française au péril clérical ? Faut-il encore faire ressortir combien est grotesque la réunion de ces mots, *Indo-Chine, péril clérical*, au lendemain du massacre de 50 000 chrétiens, dans un pays où ceux-ci sont 500 000 sur 20 millions d'habitants ? La propagation de la langue nationale, qui serait aussi faite directement par l'administration, ne progressera-t-elle pas plus rapidement que celle de la religion ? Dans les conditions les plus favorables pour les missionnaires, une moitié au moins de la population restera païenne. Et si, dans quelques générations, les 20 ou 30 millions d'Indo-Chinois parlent français, leurs idées religieuses seront probablement très éclectiques.

Actuellement, l'Indo-Chine, n'équilibrant pas son budget, reçoit de la métropole des subsides qui constituent l'un des principaux griefs contre la conquête. Où donc trouver l'argent qu'exigerait l'organisation de cet enseignement national que nous proposons ?

En Indo-Chine même, à mon avis, quand on voudra sérieusement simplifier tous les rouages, mettre l'ordre et l'économie dans les dépenses, faire une chasse rigoureuse et nécessaire aux sinécures. Le nombre des fonctionnaires employés dans nos possessions est le double, le triple de celui qui suffirait.

Beaucoup de personnes prétendent sincèrement que le meilleur résultat de ces nouvelles acquisitions coloniales est de servir à placer une partie de ces quémandeurs de fonctions, à qui notre démocratie mal et incomplètement organisée donne de trop nombreux et trop puissants protecteurs.

En vertu de ce principe, assez généralement appliqué, l'Indo-Chine a été inondée de déclassés, envahie par les rebuts des diverses administrations métropolitaines. Il n'y a guère de gouvernant (et Dieu sait s'ils ont été nombreux depuis 1879, époque où commença le mal) qui n'ait attiré à sa suite toute une clientèle chez qui les prétentions remplaçaient *avantageusement* la connaissance des hommes et des choses du pays.

De fait, il est, pour ainsi dire, admis et établi aujourd'hui, que la colonie est créée pour les fonctionnaires et non ceux-ci pour elle.

Telle est la proposition qu'il s'agit de retourner radicalement. D'abord, en fermant, pour un an ou deux, la clef de ce recrutement qui laisse trop prise au favoritisme. Puis en n'expédiant ultérieurement en Indo-Chine qu'un personnel très restreint, mais choisi, bien préparé, ayant fait ces fortes études spéciales qui écarteront les nullités. En troisième lieu, il faut à ceux qui ont la direction des affaires en Indo-Chine, le pouvoir de procéder définitivement à une épuration discrète, mais ferme, pour cause d'incapacité ou d'indignité, sans qu'ils aient à craindre les influences qui font renvoyer dans la colonie, avec ou sans avancement, les individus éliminés pour causes graves et fondées.

Il faut aussi donner à ces dirigeants la faculté de placer et d'utiliser chacun dans la colonie, selon ses aptitudes. Que de richesses en intelligence et en force morale s'étiolent ou se perdent, rivées indéfiniment aux situations subalternes, dans un pays où le climat use si vite, alors que les places importantes sont données à des nouveaux venus qui n'ont d'autres titres que leurs protections!

Les soldats français, qui coûtent cher au budget indo-chinois, sont encore trop nombreux. Avec une organisation militaire plus rationnelle, 5000 à 6000 hommes de troupes européennes suffiraient pour encadrer et instruire les indigènes. Il y aurait là encore une réserve inépuisable de forces morales et intellectuelles au service de la France asiatique.

Avec ces 6000 hommes, 15 000 ou 20 000 indigènes solidement instruits, gardés longtemps au service, en encourageant et en facilitant les rengagements, donneraient une armée régulière de 20 000 à 25 000 hommes, chiffre sensiblement inférieur à celui qui existe aujourd'hui.

Mais ce chiffre serait suffisant, car, ce qui n'existe pas aujourd'hui, ce qui serait le clou de la pacification définitive, ainsi que de la sécurité de la domination française, c'est, derrière ces 25 000 hommes de troupes régulières, l'organisation de 30 000 à 40 000 réservistes, bien en main, prêts à être levés partiellement ou totalement, selon les besoins. Quelques mesures *ad hoc* nous donneraient en deux ans cette force considérable de réservistes dévoués, coûtant très peu au budget, et n'ayant rien de commun avec les apprentis pirates ou rebelles que, depuis plusieurs années, nous avons formés à notre détriment au Tonkin.

Si les principes que nous préconisons ici, si les mesures qui en découlent nécessairement, étaient appliqués avec fermeté et esprit de suite, les finances indo-chinoises auraient immédiatement des excédents de recettes qui permettraient : 1° de ne plus demander un sou à la métropole; 2° de faire progresser *sage-*

ment les travaux publics : ce qu'on voit en Cochinchine depuis dix ans exige qu'on insiste sur ce mot
sagement ; 3° d'asseoir l'instruction publique sur les
bases voulues pour fonder la France asiatique ; 4° de
créer peu à peu une marine de guerre franco-anna-
mite, une escadre de haut bord, à la place des nombreuses canonnières fluviales qui sont à peu près
inutiles en ce moment et qui le seront encore plus
dans l'avenir. Nulle autre création ne rendrait aussi
tangible et aussi utilisable l'accroissement de puissance que la France aurait obtenu en Extrême-Orient.

De longues réflexions, et l'expérience acquise par
seize années de séjour au milieu des populations indo-
chinoises, m'ont donné la conviction absolue que tous
ces projets sont réalisables, sous la seule condition
de subordonner résolument les moyens aux buts, les
intérêts particuliers à l'intérêt national. Avant trois
ans, notre situation serait très forte en Indo-Chine, et
avant trois générations la nouvelle France se déve-
lopperait naturellement en Asie.

Je résume : Grâce à une étroite connexité entre la
langue, véhicule des idées, et les intérêts matériels les
plus vulgaires, la lutte de nation à nation est actuellement une lutte d'idiomes presque autant qu'une lutte
d'intérêts. La natalité de la France, qui est excessivement faible, et qui ne peut être compensée que partiellement par sa puissance assimilatrice, exige
l'adoption de nos fils de conquête. Cette adoption
s'effectuera aussi, mais accessoirement, par d'autres
moyens d'action que nous ne devons pas contrarier,
si nous ne pouvons les favoriser directement : nos lois,
nos mœurs et notre religion.

Si nous jetons un coup d'œil sur ce globe rapetissé
par les progrès de la science, par les facilités des
voies de communication, il est réconfortant de constater que l'éclipse désastreuse subie par l'expansion

française, et due aux fautes de nos gouvernants du
XVIII° siècle, ainsi qu'aux révolutions et aux lamen-
tables dissensions de ce siècle-ci, fait place à une
aurore brillante et pleine de promesses pour la
conservation de notre génie, de notre langue, des
chefs-d'œuvre de nos grands écrivains, passés ou
futurs. La prise d'Alger, en 1830, nous fait entamer
solidement l'Afrique par le nord. Dans l'Amérique du
Sud, notre intérêt élémentaire est de nous lier à tous
les néo-latins et de viser à les engager adroitement à
user de notre idiome comme langue classique vivante.
En vue de ce résultat, bien des concessions pourraient
être faites. Nulle part, peut-être, notre situation n'est
plus belle que dans l'Amérique du Nord où nos enfants
canadiens, lâchement abandonnés il y a 130 ans, ont
su se raidir, sous la conduite d'un clergé héroïque de
patriotisme, garder pieusemement leur langue comme
le feu sacré qui symbolisait l'âme de leurs pères, et se
sont, grâce à leur prodigieuse fécondité, multipliés
par quarante, passant du chiffre de 60 000 à celui de
2 500 000. Groupés et lancés sur une voie de progrès
dont ils ont tous la pleine intelligence, ils forceront
l'Amérique du Nord à compter avec eux avant qu'un
nouveau siècle soit écoulé.

Reste donc la vieille Asie, où la conquête d'une
partie de l'Indo-Chine nous donne des sujets moins
nombreux, mais plus assimilables que ceux du vaste
et riche empire rêvé et tenté par Dupleix. Il faut tirer
parti des sacrifices qui ont été faits et y fonder une
France asiatique. Si la tâche est grande, elle est possible, et ses résultats considérables nous donneront
une forte situation à cette autre extrémité du globe.
Il suffit, pour cela, que la pensée sacrée de la Patrie
nous aide à subordonner au but les mesquins intérêts
de personnes, de coteries, et les préjugés nuisibles ou
éphémères du jour.

Nous contribuerons ainsi au grand avenir que doit entrevoir et envisager notre génération. Le monde ne sera pas slave ou anglo-saxon, et, dans le concert des âges futurs, la voix de la France continuera à retentir en faveur de ces idées de justice, de liberté, d'égalité et de fraternité qu'elle proclame solennellement depuis un siècle.

II

(Communication faite au Congrès colonial national, le 11 décembre 1889.)

L'enseignement public officiel doit-il être basé en Indo-Chine sur la langue annamite écrite en caractères *quoc-ngu* ou devons-nous viser à enseigner notre idiome national à nos nouveaux sujets?

Cette question, qui est de la plus haute importance pour l'avenir de l'œuvre entreprise par la France en Extrême-Orient, avait été posée dans les programmes de deux des congrès internationaux qui se sont tenus à Paris dans le courant de l'été. Elle fut donc discutée à la fin de juillet dans la première section du congrès international colonial. Cette réunion s'abstenait de formuler des vœux, néanmoins les sentiments de la majorité des membres français se firent jour très nettement. Je crois que je pourrais invoquer là-dessus les témoignages de MM. Raoul et Gauthiot, entre autres. Peu de jours après, la même discussion fut reprise plus longuement au congrès de l'Alliance française, où, après deux séances consacrées à ce sujet, à l'unanimité des voix des membres présents, y compris celle du défenseur du *quoc-ngu* lui-même, fut émis le vœu que l'enseignement *direct* de la langue française serait encouragé et soutenu en Indo-Chine.

C'était la condamnation implicite, mais la condamnation sans phrases du *quoc-ngu*. Si le terme ne parut pas dans la formule adoptée, c'est que, chargé de la rédaction, je priai mon voisin et contradicteur de la faire avec moi, ce qu'il accepta de bonne grâce.

J'agissais de la sorte par courtoisie, et aussi pour obtenir sur la formule, la même unanimité qui venait de se prononcer sur le principe, ce qui eut lieu en effet.

Je pouvais donc croire la question tranchée et supposer que, dans l'avenir, les discussions ne porteraient plus que sur la manière d'appliquer le principe adopté.

La diffusion de notre idiome national, envisagée partout comme une conséquence nécessaire et forcée de nos conquêtes coloniales est, en effet, une de ces vérités qui sont, pour rappeler une parole célèbre, comme le soleil : aveugle qui ne les voit pas !

Cela devrait être et pourtant cela n'est pas. A très bref délai, des polémiques de presse me rappelèrent qu'il faut lutter, même lorsqu'on préconise les réformes les plus utiles, les plus patriotiques.

Le Comité d'organisation de notre congrès actuel, désireux de provoquer la solution de cet important *desideratum*, la propagation de notre langue française, l'a posé, avec juste raison, dans le programme de toutes les Sections qui s'occupent des colonies·de conquête. Mais il est permis de dire que, nulle part, il ne revêt un caractère de gravité semblable à celui que les circonstances lui donnent dans cette Indo-Chine qui, à l'heure actuelle et pour longtemps encore, à notre grand détriment, domine notre politique coloniale, par suite des fautes commises coup sur coup.

Et, lorsqu'après un long séjour dans ces pays lointains, on a acquis la conviction profonde que l'une des plus grandes parmi toutes ces fautes a été de dépenser 30 ou 40 millions de francs à essayer de propager une écriture qui ne peut être et qui ne sera jamais un trait d'union entre les conquérants et les conquis, lorsqu'on a cette conviction, dis-je, le devoir s'impose de la proclamer hautement, en s'inspirant de la vieille et fière devise de nos aïeux : « Fais ce que dois, advienne que pourra! »

En deux mots, voyons donc ce qu'est cet ennemi créé, nourri, chèrement entretenu par les Français eux-mêmes, ce *quoc-ngu*, pour employer ce terme aussi barbare que la chose elle-même, ce terme que nous n'aurons que trop l'occasion de répéter.

La langue annamite est un idiome chanté et monosyllabique, parlé par 20 millions d'hommes, qui, de toute antiquité, écrivent avec des caractères chinois. Ils ont même deux sortes d'écritures idéographiques, mais il est inutile de nous appesantir là-dessus.

Le *quoc-ngu* est une troisième écriture, créée par les missionnaires, figurant les sons de la langue au moyen des lettres européennes, et représentant les divers tons par des accents et d'autres signes spéciaux.

On n'a guère contesté la difficulté insurmontable qui s'oppose à la transformation d'un patois rudimentaire, écrasé par l'usage quinze ou vingt fois séculaire de la langue et de l'écriture du Céleste Empire ; aussi serai-je bref sur ce côté technique de la question.

Pour exprimer les idées usuelles avec très peu de mots, la langue annamite emploie six tons qui sextuplent le nombre des sons monosyllabiques. Ce procédé permet d'obtenir un vocabulaire de quelques centaines de mots chantés qui composent la langue vulgaire. Les Européens sont assez disposés à confondre tous ces tons délicats, quoiqu'avec du travail, de bonnes dispositions et une orthographe compliquée de petits signes, ils puissent se rendre maîtres de ces difficultés.

Mais, dès que cette langue essaye d'aborder la littérature ou les sciences, ce fonds populaire si faible ne suffit plus, et alors il arrive pour tous ces monosyllabes ce qui arrive au monosyllabe *sin* dans la langue française. Sous les formes *sain*, *sein*, *seing*, *saint*, *ceint*, auxquelles, dans certains cas, s'ajoute encore *cinq*, il a six sens différents, bien que l'oreille ne perçoive jamais que le son *sin*. Chaque monosyllabe annamite s'est ainsi chargé, dans le langage des lettres ou des sciences, de six, huit ou dix sens différents (et même de trente à quarante, si l'on confond les divers tons musicaux). Dans l'écriture idéographique, où chaque sens est représenté par un hiéroglyphe particulier, aucune confusion n'est possible; mais avec le *quoc-ngu* qui, lui, ne peut représenter que les sons, comment distinguer les nombreux sens divers qui rentrent dans le même son?

En réalité, cette langue annamite qui, depuis des siècles, emploie forcément des caractères idéographiques, est aussi intimement soudée à l'écriture chinoise, c'est-à-dire à la langue écrite chinoise ou langue mandarine, que la terre d'Annam l'est au Céleste Empire. Pour me servir des expressions de mes contradicteurs, en essayant de *déchinoiser* l'enseignement pour l'*annamitiser*, nous avons la prétention de prendre un corps et d'en enlever la chair et les os; la peau, les vêtements seuls nous restent dans les mains. Que ferons-nous de ce mannequin, qui constitue le *quoc-ngu*? Si nous tentons de fonder là-dessus l'enseignement public, nous jetons le peuple conquis dans une impasse infranchissable dont les lettrés indigènes ont conscience. Aussi est-il difficile de donner une idée exacte du mépris intime et raisonné de ces lettrés pour ce *quoc-ngu* que nous nous obstinons à leur présenter comme l'instrument régénérateur, par excellence, de leur race.

Les missionnaires, me dira-t-on, créateurs du *quoc-ngu*, s'en servent depuis des siècles pour propager leur religion. C'est très vrai [1], mais il faut ajouter que l'instrument, très simple, est excellent pour des gens qui n'envisagent qu'un enseignement restreint d'idées populaires, morales ou religieuses. Il empêche d'aborder les sujets élevés, littéraires ou scientifiques, dont ne se souciaient pas les missionnaires, mais dont doivent se préoccuper ceux qui ont la prétention de fonder et de diriger l'enseignement public de toute une nation. Pour ceux-là, le duel se pose nettement entre la langue française et le chinois. Depuis des siècles que les missionnaires ont implanté le *quoc-ngu* en Annam, jamais personne, en dehors de ces missionnaires et de quelques chrétiens, ne s'en est servi ; jamais les classes éclairées de la nation n'ont eu, même de loin, l'idée de l'adopter ; elles auraient souri de pitié à pareille proposition. Il a fallu que les conquérants français vinssent l'imposer de force, ce à quoi les dociles Annamites se sont résignés comme ils se seraient résignés à l'étude du français. Mais cet enseignement officiel du *quoc-ngu* étant insuffisant à leurs yeux, ils ont conservé de nombreuses écoles libres de caractères chinois, et en résumé, le *quoc-ngu* ne *déchinoise* pas.

En effet, il ne faut pas oublier que, pour toutes ces questions, nous avons l'expérience de trente ans faite dans la basse Cochinchine, colonie française, pays, non de protectorat, mais d'administration directe, où l'enseignement du *quoc-ngu*, rendu officiel, a été

---

1. Ou plutôt, vrai jusqu'à un certain point. L'écriture quoc-ngu est utilisée pour faire des livres mis entre les mains des enfants indigènes chrétiens ; mais elle ne sert pas à la propagation proprement dite. Les païens ignoraient tous le quoc-ngu et sa diffusion officielle n'a nullement favorisé les missionnaires en Cochinchine.

poussé avec une énergie et des sacrifices pécuniaires qu'on ne rencontrera de longtemps au Tonkin; et pourtant quel est le piteux résultat de tous ces efforts si ce n'est d'alimenter des statistiques à l'usage des gens superficiels?

Depuis plus de vingt ans, j'entends les hommes d'expérience, tels que le regretté Luro, gémir sur cette invention du *quoc-ngu*, armure de fer où nous voulons emprisonner l'intelligence du peuple annamite. M. Landes, homme de grande valeur, qui fait autorité entre tous les annamitologues présents et passés, a même écrit que cette invention était regrettable, qu'elle empêcherait peut-être le peuple annamite de se créer une écriture nationale mieux appropriée à sa langue. Je cite approximativement et de mémoire, mais on trouvera les termes exacts de cette opinion dans les *Excursions et Reconnaissances*, à l'introduction des *Pruniers refleuris*, je crois.

N'étant pas exclusif, je concède volontiers que le *quoc-ngu* est un instrument simple, d'une acquisition très facile pour les indigènes, qui le possèdent au bout de quelques mois. Mais, ils en ont *pour leur argent* : son emploi est très borné, très limité. Je pense qu'il faut se garder de lui accorder plus d'importance qu'il n'en mérite, et que nous ne pouvons songer à le prendre pour base de l'enseignement de tout un peuple.

« Nous reconnaissons que la langue annamite est très pauvre, me dit-on, mais les mots français qui n'ont pas d'équivalents en cette langue peuvent y être introduits tout vifs, grâce au *quoc-ngu*. »

Oh! oh! voyez-vous cette langue qui ne serait pas du français, et où les mots français pourraient arriver à être dans la suite en majorité! Il n'y a à cela qu'un inconvénient, mais il est capital. Ces mots d'origine française seront tellement défigurés que ce moyen bâtard est par trop mauvais. Ce ne serait qu'une route, détournée, longue et pénible, peut-être une impasse, car elle exigerait de la langue une transformation radicale, incertaine et problématique. Ici encore, l'expérience de la basse Cochinchine nous servira, en nous fournissant l'exemple des mots passés dans la langue, rares encore chez les bouddhistes, plus communs chez les chrétiens. Ainsi : lang-sa = français; an-lê = anglais; gîep = juif; giê-du = Jésus; xa-lup = chaloupe; mat-lô = matelot; giên-dam = gendarme. On voit comment la phonétique et le monosyllabisme du génie de cette langue travestissent les mots, en les coupant pour les ramener à des monosyllabes déjà existants. Et notez que je supprime les accents du *quoc-ngu* que les typographes ne pourraient reproduire. En somme, il est impossible d'arriver à créer une langue annamite plus ou moins française.

Voilà pour les transcriptions; quant aux traductions, mes contradicteurs sont obligés de reconnaître implicitement que l'expression « Académie tonkinoise » vaut bien son équivalent en *quoc-ngu* : *Bac-ki-han-lam-vien.*

Je ne puis m'empêcher de remarquer que ma plume vient d'écrire là cinq monosyllabes qui représentent chacun une foule de sens différents, de même que *lang-sa*, *mat-lô*, qui servent à défigurer les mots français cités plus haut.

Je conclus sur l'examen de ce côté technique de la question en répétant que l'enseignement public de tout un peuple ne peut être fondé sur le *quoc-ngu*.

Cette impossibilité est le plus grand bonheur qui pût échoir aux conquérants. Le *quoc-ngu* inventé par les anciens missionnaires, hommes de nationalités diverses, qui ne visaient à servir aucune nation européenne, aucune patrie terrestre, le *quoc-ngu*,

c'est-à-dire, selon la traduction de l'expression,
« l'écriture du royaume, l'écriture nationale », méri-
terait ce nom, à notre détriment, s'il pouvait servir
à créer, en Annam, ce qui n'existe pas encore,
une vraie langue nationale qui ne serait pas le
français. Il constituerait alors le plus dangereux
instrument entre les mains des patriotes annamites
ennemis de la France. Il est permis de supposer que,
dès maintenant, en Cochinchine française, de pareilles
idées germent confusément dans l'esprit de quelques
indigènes plus ou moins lettrés en *quoc-ngu*. Malgré
tous ses défauts, cette écriture, qui a la prétention de
représenter, de former, d'améliorer une langue, a
toujours recruté des partisans parmi les Français.
Par le fait des événements et des circonstances, elle
s'est trouvée en possession d'état. Quand nous sommes
arrivés, les missionnaires l'employaient et ils ont été
nos premiers intermédiaires ; l'esprit de panurgisme
a fait le reste. En tenant compte de nos engouements
faciles et irraisonnés, il est permis de se demander si
jamais le français aurait pu entrer en lutte contre
une langue assez belle et suffisamment formée, au
lieu de ce patois rudimentaire qui est accoutumé à
subir une domination étrangère depuis une longue
succession de siècles.

J'admire vraiment l'inconséquence politique des
Français. Ils luttent péniblement pour propager leur
langue, et par suite, pour affermir leur influence ou
leur domination, en Algérie, en Tunisie, dans le
Levant, à Madagascar. En Cochinchine, et par analogie, au Tonkin, où ils sont les maîtres, on peut
dire absolus, où ils n'ont à lutter que contre leurs
propres fautes — de grandes ennemies, il est vrai —
ils ont fait surgir le *quoc-ngu*.

Là, où le duel devait naturellement se poser entre
le français et le chinois, l'un représentant l'influence

morale du passé, l'autre la domination politique de
l'avenir (qui sous peine d'échec honteux doit se
doubler de la domination morale), là, dis-je, ils ont
été chercher un troisième larron, l'annamite, qu'ils
s'efforcent de développer, de rendre viable au prix
de grands sacrifices. Hélas! l'acharnement fébrile
avec lequel la langue française est extirpée de l'Al-
sace-Lorraine, ne peut-il leur faire sentir l'importance de cette question de langage? « L'école est la
base des sociétés! » s'écrient les Chinois eux-mêmes
du fond du Turkestan, où ils implantent énergiquement leur langue et leur écriture, ce qui est tout un,
ne l'oublions pas! Nous aurons l'occasion d'y revenir.

Mais, me dit-on, où a-t-on vu qu'un peuple ait
subitement renoncé à sa langue? Avons-nous 50 millions pour organiser 20 000 écoles françaises, et pouvons-nous entretenir un gendarme auprès de chacun
des 15 millions d'Annamites pour les obliger à les
fréquenter?

Que Dieu nous garde de l'exagération autant que
de la métaphore, et pourtant de ces maux-là il ne
nous garde guère! Tout d'abord, laissons le gendarme, s'il vous plaît. Il n'est pas un homme au courant des choses de l'Indo-Chine, qui puisse prétendre
que les Annamites n'enverront pas leurs enfants à
l'école du français, le jour où nous les y inviterons
en les mettant à leur portée. Les anciens Cochinchinois vous conteront que les paysans indigènes répu-
gnaient vivement à se prêter au début à la vaccina-
tion, ne voyant là qu'un moyen diabolique d'inculquer
des idées françaises à leurs petits enfants; mais pas
un de ces paysans n'est en garde contre l'effet, comment dirai-je, *vaccinal*, de la langue française. Parmi
eux, quiconque parle français jouit d'un certain
prestige sur ses compatriotes. Croyez qu'il n'en est
pas de même de celui qui ne sait que le *quoc-ngu* !

Les plus hostiles aux conquérants, les plus ardents patriotes ne voient actuellement dans l'étude du français que le moyen de mieux nous égaler afin de nous chasser plus tard. C'est un sentiment que vous pouvez exploiter sans crainte, à condition d'organiser un enseignement qui s'adresse aux masses aussi bien qu'aux individualités.

Et les 50 millions! Humblement, je me permets de faire observer que je vise surtout la Cochinchine française, qui inscrit 2 de ces millions à son budget pour enseigner principalement le *quoc-ngu*. Ceci dit, j'ajoute sans hésitation que dans l'Indo-Chine entière, les millions nécessaires à l'instruction publique ne manqueront pas le jour où la France aura des hommes d'État décidés à subordonner énergiquement les petits intérêts de personne, de coterie ou de parti, à l'intérêt suprême de la patrie. Ce jour-là, plus ne sera besoin d'envoyer un sou de subvention à l'Indo-Chine.

Enfin, qui donc a parlé d'une sorte d'opération du Saint-Esprit qui ferait subitement renoncer le peuple annamite à sa langue? J'ai dit expressément et je répète que, pour cette œuvre gigantesque, l'implantation de notre langue en Indo-Chine, œuvre qui seule justifiera la conquête, qui seule en assurera les résultats immenses, il fallait compter sur trois générations, peut-être plus, peut-être moins, selon le degré d'habileté des conquérants. — Je suis, il est vrai, quelque peu pessimiste sur ce dernier point. — Trois générations, c'est un siècle, c'est long. Mais la politique coloniale, sous peine d'être une triste duperie, doit être une œuvre faite par les siècles et pour les siècles.

D'ailleurs, dès la première génération, les bienfaits de cette politique seraient très appréciables.

Triste, et peu digne entre tous, est le rôle de ceux

qui ne savent que critiquer, démolir et renverser, sans être à même de rebâtir ou de reconstituer! Impérieuse est la nécessité de proposer les plans de conduite, qui sont rationnels à mes yeux, ainsi que les méthodes qui me paraissent applicables et efficaces! Le but à atteindre étant nettement défini, les moyens, qui sont du ressort des gouvernants, varient essentiellement selon les lieux et les circonstances. Il ne faut pas oublier surtout que les meilleurs instruments ne valent que par les ouvriers qui les manient; que les meilleurs plans sont ceux qui sont bien appliqués.

Je n'approuve guère, pour l'avenir, les pratiques suivies depuis trente ans, en Cochinchine, dans l'enseignement du français. Si elles ont été nécessaires au début de la conquête, alors que nous avions besoin d'interprètes, il est temps d'en changer, ou, plus exactement, d'instituer à côté un autre genre d'enseignement. A grands frais budgétaires, nous enseignons à quelques centaines d'indigènes, le français correct, *classique*, avec toutes ses difficultés si considérables pour des peuples dont les idiomes maternels sont dépourvus de conjugaisons. Aux masses, nous laissons l'étude de l'annamite en *quoc-ngu*. (Même à Saïgon qui, avec sa banlieue, doit être considérée comme formant une grande ville française, le quoc-ngu a tout envahi; pas une école primaire indigène de français à Saïgon!) Il en résulte que notre langue reste à l'état de langue étrangère, que seuls doivent acquérir les ambitieux, les futurs fonctionnaires ou futurs déclassés; à leurs yeux, ces études donnent des droits aux émoluments. Nous tendons à créer entre nous, dominateurs, et la masse des conquis, une caste dangereuse entre toutes, celle des faux lettrés, aux connaissances confuses, mal digérées, aux prétentions exagérées, au caractère facilement aigri,

politiciens de l'avenir, analogues à ces *Babous* qui
constituent le plus grand danger de la domination
anglaise dans l'Inde.

Dans notre Indo-Chine où la race souple et malléable est dressée depuis des siècles, dans un cadre
social fortement hiérarchisé, par une gymnastique
intellectuelle lente et pénible, celle de l'étude des
caractères chinois qui était répandue partout, il ne
faut jamais l'oublier, et qui en somme enseignait à
cette race beaucoup de fadaises et peu de choses
substantielles, dans cette Indo-Chine, dis-je, c'est le
livre qui doit remplir un double but : propager les
connaissances utiles et agréables, et être l'agent le
plus puissant de la diffusion de notre langue nationale. Nous n'aurons jamais dans ce pays un flot
d'immigrants capables de propager notre langue par
rayonnement, comme en Algérie; et pourtant les
progrès, grâce au livre, peuvent être infiniment plus
rapides que dans le nord de l'Afrique. Les Annamites ont besoin de livres. Substituons le livre français au livre chinois, tout est là.

Nous devons donc mettre entre les mains de nos
sujets asiatiques des livres faciles à étudier, utiles à
connaître, et supérieurs dès le début au fonds passé
de leurs connaissances. Cependant nous ne pouvons
guère augmenter le nombre de nos instituteurs français : ce sont des fonctionnaires très coûteux, souvent
inférieurs à leur tâche, et dont on se plaint vivement
en Cochinchine.

Il y a là une grande difficulté que nous devons, je
pense, résoudre à l'aide d'un expédient d'une portée
considérable : la création d'un enseignement de français *réduit, simplifié*. On m'a dit que le général Faid-
herbe avait eu jadis la pensée d'une organisation
analogue pour les jeunes nègres du Sénégal. Je
l'ignore, mais je serais fier de m'être, à mon insu,

rencontré en communauté d'idées avec l'un des colonisateurs français de ce siècle qui ont fait preuve, à la fois, d'intelligence, de fermeté, de bon sens, d'esprit de suite, et de patriotisme ; il m'est aussi revenu à l'esprit que l'on a proposé en Tunisie des écoles de dégrossissement.

Je propose donc de supprimer provisoirement dans la langue française les irrégularités d'orthographe, les difficultés grammaticales, la plupart des synonymes et des abstractions, presque toutes les conjugaisons (sauf par exemple quelques troisièmes personnes du singulier, et verbes impersonnels), il nous restera un parler très réduit, *nègre* si l'on veut, aux allures proverbiales, sentencieuses, mais il sera suffisant pour exprimer les idées concrètes. *Amour*, par exemple, qui fait double empoi avec *aimer*, serait à supprimer ; *parler* vaut *parole*.

Avec ce vocabulaire simplifié au possible, correspondant étroitement au langage de ces pays, qui serait, pour ainsi dire, de l'annamite en mots français, tout en restant du français, la syntaxe étant directe et logique dans les deux langues, avec ce vocabulaire, dis-je, faites quelques livres simples, d'après la méthode progressive, la méthode Ollendorf, livres qui exigeraient beaucoup de talent, presque du génie, à force de simplicité. Dans ces livres, faites des traductions suffisamment élégantes des maximes, des proverbes populaires des Annamites, de tout ce qui constitue actuellement la vie intellectuelle du peuple. Joignez-y les notions utiles, les connaissances usuelles que nous pouvons apporter. Répandez à profusion ces livres.

Que les écoles des chefs-lieux d'arrondissement (encore une fois, je parle de la Cochinchine française, mais on en tirera facilement des règles de conduite pour toute l'Indo-Chine) soient à la fois des écoles

secondaires où ce que j'appelle le français *classique*
est enseigné, et des écoles normales où seraient
formés à foison, pour les communes, des professeurs
indigènes de français *réduit*. J'emploie ce terme à
défaut d'autre ; qu'on donne à ce français la qualifi-
cation que l'on voudra.

Tout en posant le principe de l'obligation, principe
dont l'application progressive serait, bien entendu,
réservée aux gouvernants, respectez profondément les
admirables franchises communales des Annamites.
Gardant pour vous l'inspection et le contrôle des résultats, laissez aux communes la liberté des voies et des
moyens.

Surtout, pas de constructions scolaires par ordre
supérieur, les cases des indigènes suffisent. Des con-
seils bienveillants aux communes qui doivent être
encouragées à envoyer aux écoles normales beaucoup
de sujets intelligents. Ceux-ci seront plus tard les
professeurs des enfants de la commune, et ils ne doivent pas avoir d'autre ambition administrative. Fils
du pays, ils seront nommés, payés et révoqués au
gré des communes. L'idéal serait que tous ces petits
instituteurs communaux formés à profusion ne fus-
sent guère plus payés que ne l'étaient les anciens
professeurs libres de chinois qui existaient jusque
dans les plus petites communes, et qui existent
encore en beaucoup d'endroits, le quoc-ngu officiel
ne pouvant les supplanter.

Les dominateurs et les sujets devraient se pénétrer
peu à peu de cette idée que la conquête entraîne, pour
les enfants annamites, l'obligation d'apprendre notre
langue ainsi réduite, simplifiée et mise à peu de frais
à leur portée. Telle quelle, elle sera déjà un instrument supérieur aux objets de leurs anciennes et dif-
ficiles études. Elle aura aussi l'avantage de mettre
immédiatement en communication directe les con-

quérants et les conquis et de supprimer la case naissante des *Babous.*

Et croyez que l'idée de cette obligation presque
gratuite, du moins très peu coûteuse, progressivement
appliquée selon les lieux et les circonstances, sera
infiniment moins dure au paysan annamite qu'une
autre obligation à laquelle il faut bien qu'il se
résigne quotidiennement, celle de payer l'impôt. C'est
la plus dure celle-là. Les enfants ne manquent pas de
loisirs, ils en ont trop même, comme en tous pays.

Quant à la souplesse de la race en ce qui concerne
le principe de l'obligation dans une question dont elle
reconnaîtra bien vite l'intérêt supérieur, qu'on me
permette de rappeler, qu'au début de la conquête,
sans les circulaires de l'amiral Bonnard, la plupart
des communes des provinces saïgonnaises agitaient
sérieusement la question d'embrasser en masse le
catholicisme qu'elles persécutaient encore la veille;
elles supposaient que la domination politique devait
entraîner l'identité de croyances religieuses.

L'enseignement de la langue française devrait être
organisé et étagé à peu près comme l'était jadis celui
du chinois. A la base, dans les communes, le français
simplifié; au-dessus, le français classique, dans les écoles
des chefs-lieux d'arrondissement; plus haut encore,
des écoles professionnelles et des collèges analogues à
ceux qui existent déjà à Saïgon, mais ne recevant
qu'une petite élite. Actuellement, nous avons à peu
près les deux étages supérieurs, mais la base manque
totalement; elle est remplacée par le *quoc-ngu* des
écoles cantonales, et notre enseignement de la langue française ne vise pas à prendre les masses.

Or, à mon avis, les individualités, si brillantes
soient-elles, n'ont d'autre utilité réelle que de permettre de mieux entraîner les masses à qui elles donnent l'exemple.

L'enseignement de ce français réduit et simplifié est l'œuvre la plus délicate, celle qui exige tous nos efforts, toute notre application. Il serait indispensable de le faire donner aux filles, plus tard à toutes les filles, et de créer pour elles des écoles normales. Il y aurait là une révolution bienfaisante d'une portée incalculable; et me revient à l'esprit la parole de l'un de nos hauts fonctionnaires indigènes qui était dernièrement en France. Le Phu Phuong de Cholen que je rencontrai à Royat, en septembre, me disait : « Nos femmes sont passionnément adonnées au jeu. Que voulez-vous? Elles n'ont pas comme les Françaises la puissante distraction de la lecture! »

Chez ce peuple qui est habitué aux livres, qui a besoin de livres, ce français primitif se répandra progressivement partout et à peu de frais. Au-dessus et à côté, le français *classique* rayonnera peu à peu, en faisant créer de nouvelles écoles où seront enseignées notre orthographe et nos conjugaisons. Mais alors, le plus difficile sera fait, l'instruction sera fondée et elle continuera sa marche ascendante aussi facilement que dans nos divers pays de France où se jargonnent encore tant de patois. Nos sujets asiatiques, en passe de devenir nos concitoyens, n'auront pas seulement accès à des livres faits spécialement pour eux, ils boiront directement aux sources de l'esprit, de la science, de la vie intellectuelle de la France.

Alors, si parmi les milliers de bons romans français qu'aura produits ce xixe siècle, on en choisit quelques centaines, intéressants, simples de style, simples d'idées, et non des romans d'analyse alambiquée de cette fin de siècle, qu'on en fasse des éditions populaires, spéciales, à bon marché, et qu'on les répande à profusion chez les nouveaux Français de l'Extrême-Orient; il est plus que probable que, éblouis, ils les liront avec avidité. Il y aurait là un puissant moyen d'assimilation, sans préjudice de tous les ouvrages scientifiques que nous serons à même de leur fournir.

Quand Paul de Kock les aura fait rire, quand Alexandre Dumas père les aura passionnés, leurs idées seront françaises, leurs goûts seront français, et, en s'enrichissant eux-mêmes, ils consommeront nos produits français, à commencer par le livre. Ils seront des Français, nos égaux, à qui nous ne pourrons, à qui nous ne devrons pas refuser la juste part d'autonomie qui sera nécessaire à leur développement.

Ces prévisions sont peut-être à échéance moins lointaine qu'on pourrait le supposer à première vue. Après trente ans d'instruction largement répandue dans les Indes, les romans et les livres anglais y sont vendus en quantité. Dans cet immense empire, il n'y a guère actuellement de villages où la langue anglaise ne puisse être comprise par quelques individus. Et pourtant que de difficultés colossales chez ces populations musulmanes ou brahmaniques infiniment plus réfractaires que nos dociles Annamites!

Certainement, en Cochinchine, les résultats seront féconds, et assurés d'une supériorité incontestable, si, dès maintenant, nous visons à entraîner, à modifier les masses, à éviter la caste naissante des *Babous*, au moyen de cet enseignement réduit, simplifié et peu coûteux que je propose.

Oui! cette nouvelle France asiatique, peuplée par une race prolifique, croîtra, multipliera et débordera chez des voisins plus arriérés, ou moins bien dirigés; elle propagera ainsi le parler de la vieille France si nous savons le lui enseigner.

Et cette race féconde et souple, pour mieux la tenir, pour l'assimiler plus rapidement, les trop heu-

reux conquérants ont encore à leur service une force
morale des plus puissantes qu'ils ont dédaignée ou
contrecarrée jusqu'à ce jour d'une manière incroyable!

C'est surtout en abordant les questions religieuses,
qu'il faut se dégager des préjugés de parti qui peuvent nous diviser en France, pour ne considérer que
notre intérêt national en Indo-Chine. Personnelle-
ment, je suis on ne peut plus éclectique en matière
de dogmes religieux, mais j'ai aussi la conviction
absolue que nul homme d'État, digne de ce nom, ne
peut, lorsqu'il s'agit de conquête, de colonisation,
dédaigner le puissant lien moral, formé par la religion, ce qui *relie*, selon l'étymologie même du mot.
Si peu catholiques que soient les Français individuellement, ils le sont nominativement; dans son
ensemble, la France est une grande nation catho-
lique, et incontestablement, les chrétiens indigènes
sont plus rapprochés de nous que leurs compatriotes
païens.

Les préjugés régnants sont si vite appliqués hors
de propos qu'il y a quelque courage à dire et à
répéter des vérités élémentaires, à s'exposer à encou-
rir l'épithète de clérical si facilement lancée par les
gens superficiels ou de mauvaise foi. L'épithète serait
pourtant puérile et dépourvue de sens en Indo-Chine
où les chrétiens ne sont encore qu'une infime minorité.
Autant que n'importe qui, j'ai horreur de la domination du prêtre, mais de longtemps il ne peut être
question de cette domination dans nos nouvelles possessions, où il ne s'agit en ce moment que de la politique à suivre envers les meilleurs agents, conscients
ou inconscients, volontaires ou involontaires, de
l'œuvre entreprise par la France.

Les missionnaires, répandus dans tout le pays,
dirigent 600 000 chrétiens qui, de ce fait, sont, bon
gré mal gré, considérés par le parti de la résistance

comme étant des Français eux-mêmes. Depuis le commencement de la conquête, 100 000 de ces chrétiens indigènes ont dû payer de leur vie cette opinion, juste ou erronée, et, à mon avis, elle est fondée par cela seul qu'elle existe. Des milliers ont été massacrés, lors de la prise de la basse Cochinchine, vers 1859 et les années suivantes. Des milliers encore ont été égorgés après les événements du Tonkin de 1873. Enfin, à la suite de l'affaire de Hué, en 1885, près de 50 000 chrétiens ont été massacrés sans distinction d'âge ou de sexe.

Au lieu d'entraver en France le recrutement des missionnaires, ce qui est inconcevable, étant donnée la conquête de l'Indo-Chine, et ce qui est malheureusement exact, doublez leur nombre, envoyez-en au plus vite des centaines, et subventionnez-les largement sous la seule condition d'enseigner aux jeunes filles et aux garçons le français en même temps que la religion ! Des milliers et des milliers d'enfants s'essayeraient immédiatement à apprendre notre langue nationale.

Vous pouvez donner aux missionnaires jusqu'à 2 millions de subvention annuelle dans ce but, et jamais millions ne seront mieux placés. « L'enseignement seul enchaîne à jamais », nous dit-on avec juste raison. Entre tous, ceux-là sont les plus merveilleux enchaîneurs. Avec de l'argent, ils contribueraient rapidement et efficacement à assurer la pacification et la domination dans le présent, ainsi que l'assimilation dans l'avenir. Le parti annamite de la résistance nationale, plus clairvoyant que la plupart des Français, ne s'y est jamais trompé.

La situation, en effet, n'est pas sans analogie avec celle des premiers temps de l'Église. D'un côté, une vieille civilisation confondant le temporel et le spirituel, le souverain étant aussi le grand prêtre national, et de l'autre côté des novateurs étrangers considérés comme les pires des révolutionnaires et massacrés en cette qualité. Or, vous, conquérants, que prétendez-vous faire là, si ce n'est la plus grande, la plus profonde des révolutions, celle que Jules César opéra dans les Gaules? Sachez donc reconnaître vos auxiliaires qui ne demanderaient que des bras et de l'argent pour décupler en quelques années le nombre des sujets fidèles de la France! Et soyez persuadés que la simple diffusion de la langue française, progressant parallèlement à leur prosélytisme, vous sauvera du péril clérical, si jamais il était à craindre dans ces pays, ce dont nous sommes loin, bien loin!

Lorsque les mesures que je propose seraient complètement appliquées, la somme de 5 à 6 millions suffirait pour le budget de l'instruction publique de toute l'Indo-Chine, soit 2 millions de subvention aux missions pour l'enseignement du français et 4 millions au plus pour les différentes écoles normales des chefs-lieux et les écoles supérieures. L'Indo-Chine pourra très bien supporter cette charge et subvenir à des dépenses utiles entre toutes. Le premier branle vigoureusement donné, sur toute l'étendue d'un vaste empire, des milliers et des milliers d'enfants s'essayeraient à parler notre langue française.

Entre les partisans de la diffusion de notre idiome national et les zélateurs du *quoc-ngu*, vous jugerez quels sont ceux qui peuvent revendiquer à plus juste titre la belle maxime de l'empereur chinois Khang-Hi : « Les lois répriment pour un temps, l'enseignement seul enchaîne à jamais. »

Voilà, dans son entier, la réponse que j'avais préparée contre les objections et les critiques parues dans la presse à la suite des deux précédents Congrès

qui avaient inscrit sur leur programme la discussion
de ces questions.

Cette réponse était trop étendue pour espérer qu'un
journal l'insérerait, il a fallu la condenser pour la
réduire aux dimensions d'un article qui a paru dans
le *Temps* du 17 octobre, suivi immédiatement d'une
réplique à laquelle je n'ai pas répondu, le dernier
mot dans le journal devant rester au rédacteur en
titre.

J'ai le regret d'apprécier sévèrement cette réplique
où je ne vois que trois choses :

1° Un procédé de discussion qui me paraît mal
fondé ;

2° Une contradiction flagrante sur la question même
qui est en litige ;

3° Une mésentente évidente des procédés et des
principes généraux de la colonisation.

Le procédé qui me paraît mal fondé consiste à
supprimer toute perspective dans l'avenir, à ramener,
pour ainsi dire, au premier plan les progrès et les
développements que j'entrevois dans la suite des
temps, déplacement qui les exagère en apparence, et
permet de me présenter comme un phénomène psy-
chologique. Voyons, de bonne foi, s'agit-il d'une
sorte de plébiscite insensé, posant aux paysans annamites cette question : « Voulez-vous tous parler français dans trois générations? » Où donc, et quand
a-t-on jamais vu procéder ainsi? L'histoire du monde
est pleine d'évolutions morales, de révolutions
même, et avec ces procédés enfantins qu'on nous
prête, jamais une seule évolution n'aurait été possible.

Si les mots de politique, d'administration, de gouvernement, ne sont pas des mots vides de sens, nos
moyens d'action, nos moyens de séduction sont nombreux et efficaces pour amorcer, pour engrener,

dirai-je, nos nouveaux sujets dans l'étude du français.
Ces gens-là ne sont pas des sauvages. Profondément
imbus de la vieille civilisation chinoise, ils ont besoin
du livre, ils sont accoutumés au livre écrit dans une
langue étrangère, et c'est par le livre écrit en notre
langue, que nous devons les prendre moralement.

Qui parle de supprimer l'annamite brusquement,
ou même lentement? Est-ce en notre pouvoir?
Sommes-nous donc des échappés de Charenton se
prétendant thaumaturges? En réalité, la question est
de remplacer, dans l'enseignement officiel, le chinois,
enseigné actuellement jusqu'au fond des hameaux,
par le français, la langue des conquérants, avec la
conséquence à prévoir que l'usage de cette dernière
langue se répandra de plus en plus. Alors l'annamite
restera ce qu'il est, ce qu'en a fait l'étude et l'usage
vingt fois séculaire du chinois, c'est-à-dire un patois.
Nous entrevoyons qu'il s'altérera vite. Les tons perdent déjà de leur finesse en Cochinchine française. A
la longue, dans un avenir lointain, il s'éteindra probablement en laissant des mots dans le futur français
de ces pays, de même que la langue des Guaranis a
donné de nombreux termes au portugais parlé dans
le Brésil. A cela il n'y a pas de mal, l'essentiel est
que le fond devienne français.

Est-il permis de demander qu'on cite des exemples
de peuples ayant donné leur langue à d'autres? Mais
cela est l'histoire du passé, du présent, et sera l'histoire de l'avenir :

Les Romains jadis, dans l'Italie du Nord, dans la
grande Gaule, dans la péninsule ibérique, dont ils
ont transformé les peuples en Latins. Plus récemment
les Espagnols au Pérou, au Mexique, les Portugais
au Brésil. Aujourd'hui les Russes et les Anglais partout où ils s'implantent.

Et il n'y a pas à douter que dans les siècles prochains, la lutte se posera sur le globe entre cinq ou six langues qui auront étouffé toutes les autres.

Et de quelle entente du fond de la question même qui nous préoccupe fait-on preuve avec cette objection-ci : « Après douze siècles de domination chinoise, ce n'est pas le chinois que parlent les indigènes, c'est l'annamite. »

Mais la langue mandarine ou langue officielle de la Chine est hiéroglyphique, encore une fois! C'est moins une langue parlée qu'une écriture, une langue littéraire, toute une littérature, une philosophie même. Cette langue mandarine qui s'écrit plutôt qu'elle ne se parle, laisse subsister même en Chine, une foule d'idiomes locaux, qu'elle dédaigne, qu'elle méprise et qu'elle maintient à l'état de patois. Par exemple dans les provinces chinoises limitrophes du Tonkin, c'est le cantonais qui est parlé par le peuple. En Annam, c'est l'annamite, qui en somme n'est qu'un patois chinois comme les autres. Nulle part, ces idiomes locaux ne gênent l'action assimilatrice de la langue mandarine qui, elle, moule la vie intellectuelle d'un peuple plus puissamment qu'une autre langue peut-être, son originalité étant plus grande et plus profonde. Quiconque a étudié ces pays, même superficiellement, ne peut ignorer que l'Annam fait moralement partie du Céleste Empire. Les défenseurs du *quoc-ngu* sont ici en contradiction flagrante avec eux-mêmes puisqu'ils comptent sur ce *quoc-ngu* pour *déchinoiser* le Tonkin. Ce sont leurs propres expressions dans le *Temps* du 2 octobre. Moi je prétends que ce *déchinoisement* ne peut être accompli que par le français.

Enfin, la dernière espèce d'objection qu'on me fait est relative au principe de l'obligation progressive. Toujours d'après les mêmes procédés de polémique, on affecte de croire que cette obligation entrerait en

3.

pratique immédiate et brutale. Et on s'écrie : « Comment peut-on préméditer un pareil attentat à la conscience humaine sans être épouvanté des conséquences? Quelle sera la sanction de l'obligation? Proscrira-t-on les écoles indigènes? Y aura-t-il une garnison dans chaque village pour emprisonner les pères qui n'enverront pas leurs enfants à l'école de français? Mais aucun gouvernement ne sera jamais assez ennemi de son repos pour se lancer dans une pareille aventure! » La réponse à ces exagérations n'est que trop facile.

En fait d'écoles indigènes, reconnues telles, il n'en existe que de caractères chinois, et cela depuis des siècles et des siècles. Les Français ont imposé le *quoc-ngu*, je dis *imposé*. Mais ce *quoc-ngu* n'a pas détruit, et ne peut détruire les écoles de chinois qui restent libres, et qui resteront dans l'avenir, je le pense, je l'espère, jusqu'à ce qu'elles s'éteignent peu à peu chez le peuple, ce qui arrivera quand on donnera à ce peuple un autre enseignement qu'il reconnaîtra suffisant. Ce que nous voulons c'est que l'enseignement officiel, rétribué par l'État, encouragé par l'État, *imposé* par l'État, soit en français et non en *quoc-ngu*.

Encore une fois, laissons de côté les gendarmes et les garnisons. L'objection part d'un principe inadmissible, qui suppose que rien n'existe en administration, en politique, que tout est à la remorque du hasard ou de la force brutale, que les gouvernants n'ont aucune action sur leurs gouvernés.

Mais alors il serait complètement inutile d'élucider en Congrès les diverses questions intéressant nos colonies! Ces prétentions sont insoutenables aux yeux de ceux qui savent que l'enfance de l'art en politique, consiste à adopter des visées nettes, et de tendre ensuite à leur accomplissement, par les voies et les moyens très variés et très efficaces qui s'offrent en foule aux gouvernants dignes de ce nom.

Ma stupéfaction est grande en face de contradicteurs qui paraissent ignorer ou oublier que le Gouvernement français a déjà posé le principe de l'obligation scolaire chez des populations autrement réfractaires que ne le sont nos dociles Annamites, et que le gouverneur général de l'Algérie a le droit de déterminer par arrêtés spéciaux les communes ou fractions de communes où les indigènes seront soumis à l'obligation qui est établie par le décret de 1883.

Nous ne demandons pas plus en Indo-Chine.

En Algérie, en Tunisie, l'arabe, la langue religieuse, peut être comparé en quelque sorte au chinois, langue écrite et littéraire de l'Annam, et les dialectes kabyles que parlent la plupart des tribus de l'Afrique du Nord rappellent l'annamite, mais avec une incomparable supériorité sur ce dernier idiome. A-t-on songé à baser l'enseignement officiel des Kabyles sur leur idiome même écrit en caractères latins? L'idée seule de ce *quoc-ngu* kabyle soulèverait une réprobation générale et serait taxée de trahison nationale. Pourtant c'est à une œuvre antipatriotique de ce genre que nous avons dépensé plus de 30 millions en Cochinchine depuis trente ans.

En Tunisie, pays qui devrait servir de modèle à nos divers protectorats, l'enseignement officiel tout entier n'est-il pas établi en vue de la diffusion de la langue française, chez les indigènes? Si on enseigne l'arabe, ce n'est qu'accessoirement, de même qu'on devait enseigner le chinois dans les écoles supérieures de l'Indo-Chine.

Ces deux pays, l'Algérie et la Tunisie, qui ne peuvent consacrer que de très faibles ressources budgétaires à l'enseignement des indigènes, ont la sagesse d'affecter presque entièrement ces ressources à la diffusion de notre idiome national. Il doit en être de même en Indo-Chine, où les ressources sont plus grandes, mais où l'œuvre est plus vaste.

Est-il donc vrai que ce qui est bon chez les musulmans africains, ne serait qu'un épouvantable attentat à la conscience des souples et malléables Annamites?

Ce sont là façons de raisonner qu'à plus juste titre je pourrais retourner contre leurs auteurs en répondant à mon tour :

En fait d'attentat à la conscience des peuples, le plus grand que je connaisse, celui qui en entraîne, celui qui en amène une foule d'autres, c'est la conquête. La conquête que j'ai vue de près en Indo-Chine où je ne l'ai jamais préconisée (la France à mon avis devant réserver son action pour l'Afrique), mais où une nécessité impérieuse nous prescrit de maintenir les positions acquises. Oui, la conquête et ses répressions sanglantes, les désordres qu'elle entraîne quand elle a lieu avec des chefs maladroits, votre gouvernement, votre administration, les impôts que vous percevez, la justice que vous distribuez, votre contact, votre seule présence, tout n'est qu'attentat à la conscience des conquis.

Vous êtes l'étranger et vous êtes le maître. Les nombreux agents que vous envoyez et qui ignorent la langue du pays ; la plupart des mesures que vous prenez, bonnes ou mauvaises, qui sont imposées, tout cela ne serait qu'attentat à la conscience de ces peuples. L'introduction obligatoire de la vaccine n'a donc été qu'un attentat. Un autre attentat, répréhensible à mes yeux celui-ci, a été l'emploi forcé du *quoc-ngu* dans les actes administratifs, prescription qui a été la source de vexations et de désordres considérables.

Si vous n'introduisez pas votre langue lentement, peu à peu, mais d'une manière régulière et continue, vous resterez toujours des étrangers, des maîtres brutaux, aux yeux de ces conquis qui garderont éternellement au fond du cœur la préoccupation de vous chasser, intrus et ennemis que vous êtes! L'Indo-Chine ne sera qu'un boulet au pied de la France avec une chaîne de 3000 lieues de longueur. La longueur de la chaîne, tracée par la nature, par la forme du globe terrestre, ne peut se réduire, mais le boulet peut s'alourdir et ce *quoc-ngu* qui vous laisse étrangers tendra sans cesse à le rendre plus lourd, en raison directe des progrès intellectuels de vos sujets.

N'y a-t-il qu'en Indo-Chine que vous violentez les consciences? Soyez logiques si vous avez pareils scrupules. Avec l'Extrême-Orient, évacuez la Tunisie, évacuez l'Algérie! Laissez grandir les quatre ou cinq nations qui sont en train de se partager le globe, et qui ne s'embarrassent pas de pareilles objections. Dans peu de siècles, deux à trois cents millions d'hommes parleront portugais, trois à quatre cents millions d'hommes parleront russe, trois à quatre cents millions d'hommes parleront espagnol, quatre à cinq cents millions d'hommes parleront anglais. Et vous, terrez-vous dans votre France européenne réduite aux trois quarts de l'ancienne Gaule, où bientôt les naissances n'équilibreront plus les décès! Continuez à faire pivoter vos lois sociales et politiques autour du principe latent, du principe décevant et dissolvant qui les inspire presque toutes depuis un siècle, à savoir : *qu'il faut tendre avant tout au bonheur des individus et non à la force de la race.* Les grosses passions et les petits racontars de la grande ville qui tiennent déjà tant de place dans les préoccupations de tous nos politiciens devront remplacer définitivement les visées d'avenir. Soyons de plus en plus heureux, nous serons de plus en plus faibles.

Nous serons faibles, si faibles que les puissants, ceux qui se chiffreront par plusieurs centaines de millions d'âmes, nous toléreront peut-être, mais ils nous dédaigneront à coup sûr. Il sera d'ailleurs inutile qu'ils attentent aux consciences de nos pauvres descendants. Cette France de 30 ou 40 millions d'âmes ne sera qu'un petit satellite entraîné dans la sphère d'attraction des nationalités colossales qui se seront partagé la terre. S'altérera progressivement l'héritage de gloire intellectuelle, artistique, littéraire ou scientifique légué par nos pères. Le génie français, la langue française, envahis, pénétrés par l'infiltration continuelle des expressions, des idées lancées par des milliers d'intelligences supérieures qui auront d'autres langages, se déformeront de plus en plus. Et à défaut du français expirant, une autre langue morte suffira pour prononcer : *finis Galliæ*.

De même que la Grèce antique, nous aurons la vaine satisfaction d'avoir laissé notre trace dans le monde. A quoi bon ? Déjà au XVIIIe siècle le français était, plus qu'aujourd'hui peut-être, la langue universelle de la société polie et civilisée en Europe. Quels avantages sensibles en avons-nous retirés lorsque les désastres se sont abattus sur notre patrie ? Reconnaissons que si les grands écrivains portent haut le drapeau d'un idiome, les pauvres paysans, qui le jargonnent péniblement, le transmettront, eux, dans la suite des siècles, en le fixant au sol pour ainsi dire. Nous avons le droit d'espérer en 2 millions de paysans canadiens, bons Français, malgré le drapeau britannique qui se dresse sur leurs monuments ; pourrions-nous dédaigner 20 millions de paysans annamites qui nous offrent un grand avantage, qui est de subir passivement depuis vingt siècles la domination intellectuelle des étrangers. Chez eux, encore une fois, la lutte sera entre le français et le chinois. Si nos administrateurs sont assez habiles pour bien faciliter et encourager les premiers pas, qui seuls coûteront, je ne doute pas de l'avenir. Dès que nos nouveaux sujets entreverront la fraternité réelle qui suivra forcément la connaissance de notre langue, ils étudieront cette langue avec joie, avec ardeur.

Messieurs, vous êtes ici Congrès colonial national, c'est-à-dire une assemblée composée de patriotes résolus à maintenir sur le globe la part du génie français et de la langue française. Pour vous était inutile l'évocation de ce cauchemar du *finis Galliæ* qui nous menacerait demain, si nous ne savions profiter de l'heure décisive où les futurs maîtres de la terre s'en partagent les derniers morceaux vacants ou indépendants. Vous savez tout ce que tente, en ce moment même, l'Angleterre dans l'Afrique australe, au sud de cette Afrique, dont le nord doit être français à tout prix.

Avec la haute autorité morale qui vous appartient, vous déciderez que l'usage de notre langue nationale doit, dans la mesure du possible, suivre nos conquêtes. Là est le but qu'il faut rendre incontestable et incontesté, en Indo-Chine aussi bien que dans l'Afrique du Nord. L'application des moyens, qui sont variables, divers et multiples, incombe aux administrateurs, aux gouvernants, aux hommes d'État.

A votre patriotisme je soumets donc le vœu suivant :

« 1° L'enseignement officiel de la Cochinchine française sera basé dans la plus large mesure possible sur l'étude de la langue française ; les ressources budgétaires de la colonie seront principalement employées à la diffusion de cette langue ;

« 2° Dans toute l'Indo-Chine française le gouver-

nement fera étudier les moyens d'encourager l'étude
du français et de rendre, facilement, à peu de frais,
cette étude accessible aux populations indigènes. »

III

Pour mes amis et camarades de l'Indo-Chine, et
aussi dans le but de ne pas laisser défigurer ma
pensée par des polémiques ou des comptes rendus très
sommaires, j'ai fait réunir en brochure mes communi-
cations aux deux Congrès coloniaux de Paris. J'y
ajouterai quelques observations.

Le double vœu qui précède a été adopté à l'unanimité et avec acclamations le 11 décembre 1889 par
la 6° section, ou section indo-chinoise du Congrès
colonial national, M. Le Myre de Vilers présidant la
séance. En février 1890, l'assemblée plénière du Congrès a ratifié ces vœux sans la moindre opposition.
C'est que, sous la dure pression des événements aux-
quels assiste notre génération, les impérieuses et
patriotiques préoccupations de la propagation de la
langue française commencent à imprégner profondément l'esprit national. A ce Congrès, des vœux analogues ont été adoptés, avec énergie, pour toutes nos
colonies, tous nos pays de protectorat.

Or, par suite d'une conception erronée du rôle de
la France en Indo-Chine, il se trouve que nos possessions de l'Extrême-Orient sont les seules où l'enseignement officiel, payé et soutenu par les conquérants, ne soit pas basé exclusivement sur la diffusion
de la langue nationale. Le contraste avec la Tunisie,
par exemple, est frappant. Si notre œuvre devient
glorieuse en Tunisie, pays de protectorat et l'une de

nos plus récentes acquisitions, c'est que, stimulée peut-être par les rivalités étrangères, la direction de l'enseignement tunisien s'est inspirée de principes diamétralement opposés aux idées qui ont régné jusqu'à ce jour en Indo-Chine. Le Congrès colonial ne pouvait que témoigner sa satisfaction à M. Machuel et à ses collaborateurs, les encourager à persévérer dans une voie féconde et pleine de promesses, et d'autant plus méritoire que les musulmans, même tunisiens, sont infiniment moins dociles que nos Annamites rationalistes.

Mes critiques, qu'on le sache bien, passent pardessus les personnes et ne visent qu'un système établi presque inconsciemment, il y a bientôt trente ans; système qui, depuis cette époque, se développe en Cochinchine avec toute la logique voulue. Aujourd'hui il menace d'envahir l'Indo-Chine entière, si le réveil tardif de nos consciences n'y met bon ordre. A des degrés divers, nous avons tous notre part de responsabilité et je ne décline pas la mienne. Notre unique excuse est que nous ne pouvions devancer notre temps. La création de l'Alliance française, association nationale pour la propagation de la langue aux colonies et à l'étranger, dont le regretté Paul Bert fut l'un des fondateurs, ne date que de 1883. Son succès grandissant montre, il est vrai, à quel point cette institution répond aux aspirations actuelles de la France. Si nous tous, au grand dam de notre pays, nous avons eu plus ou moins la marotte du quoc-ngu, il est temps d'y renoncer, et de trouver notre chemin de Damas. « Errer est humain, persévérer est diabolique », dit la sagesse des nations.

Sans prétendre éterniser un débat que l'avenir doit trancher à bref délai, je voudrais pourtant reproduire ici les arguments sérieux des partisans de l'enseignement par le quoc-ngu qui sont parvenus à ma connaissance depuis ma communication du 11 décembre 1889. A cela j'éprouve quelque embarras, ne rencontrant pas d'objections directes et catégoriques, mais seulement des échappatoires, et souvent des contraditions.

Par exemple, peut-on considérer comme argument des digressions historiques sur l'enseignement officiel adopté séculairement en Chine et en Annam? Ces digressions sont étrangères à la cause en litige, puisque tout le monde s'accorde pour supplanter cet enseignement dans nos possessions, qui par le français, qui par le quoc-ngu. Ou encore, on préconise l'éducation à l'instar des Chinois. Soit ! mais ces maximes si vantées peuvent se traduire en français tout aussi bien qu'en quoc-ngu annamite; l'éducation n'est pas subordonnée à telle ou telle langue.

Vous voulez donc tuer le quoc-ngu? répètent docilement des gens qui ne savent pas trop ce que ces mots signifient; mais ce quoc-ngu est une étape indispensable pour la propagation de la langue française elle-même !

Dans cette objection il y a à distinguer deux choses : 1° tuer le quoc-ngu; 2° sa valeur comme *étape*, puisque étape il y a.

Je songe d'autant moins à tuer le quoc-ngu que je suis persuadé que cette écriture ne peut être tuée, pas plus d'ailleurs que la langue annamite vulgaire, qu'elle représente plus ou moins bien. Quoi que nous fassions, l'un et l'autre auront encore la vie longue; et si, pour la grandeur et la gloire de la France, ils meurent un jour, ce sera de leur belle mort, dans un avenir lointain, et en laissant même indéfiniment des traces de leur existence. Chaque jour nous faisons du quoc-ngu, comme M. Jourdain de la prose, en écrivant les noms indigènes dont les Français émaillent leur correspondance. J'en fais moi-même en traçant son nom harmonieux. Et, assertion paradoxale en apparence, mais réelle au fond, la propagation du français en Indo-Chine répandra l'usage du quoc-ngu tout en lui laissant, il est vrai, la place subordonnée qu'il mérite d'occuper. Encore une fois, tout ce que je désire, c'est que, n'ayant pas des millions à jeter à la mer, nous ne gaspillions pas davantage les allocations budgétaires à fonder notre enseignement officiel sur ce quoc-ngu dont l'importance ne doit pas être exagérée au grand détriment des intérêts de la France.

Quelle est donc la valeur du *quoc-ngu* en soi, ou comme étape, pour la propagation future de la langue française?

En soi, le *quoc-ngu* offre un avantage incontestable : il facilite aux Européens l'étude de la langue annamite. Sur ce point, nous sommes probablement tous d'accord. Nul, plus que moi, ne serait porté à exiger que tout fonctionnaire français en contact avec les indigènes sache la langue de ceux-ci. Mais là n'est pas la question en litige. Il ne s'agit pas des Européens, mais de l'enseignement officiel des indigènes, qui, eux, dès l'âge le plus tendre, savent très bien leur langue et n'ont nul besoin que nous dépensions notre argent à la leur apprendre.

La connaissance du *quoc-ngu* est-elle nécessaire, est-elle utile aux indigènes qui doivent apprendre le français? Il y aurait là-dessus pas mal de réserves à faire et beaucoup à dire. En particulier, de nombreux jeunes gens chinois apprennent les langues européennes dans le Céleste Empire ou au dehors. Nous n'avons jamais ouï dire qu'ils aient dû passer par l'étape d'un *quoc-ngu* chinois quelconque. Mais soit! Pour la brièveté de la discussion, nous admettons cette utilité. Mais alors, cette étude est réduite à la connaissance d'un alphabet de vingt-deux lettres.

C'est l'affaire de quelques jours. Et cette base, dont l'utilité est plus ou moins discutable, étant acquise, vous devez faire passer immédiatement les indigènes à l'étude du français si votre but est réellement de les amener là. Vous devez vous garder de tomber dans cet excès néfaste de toute une organisation coûteuse à créer pour le *quoc-ngu*, de toute une littérature volumineuse à faire imprimer, vous garder, en un mot, de l'état de choses déplorable qui existe en Cochinchine où l'annamite en *quoc-ngu* a été rendu si inconsidérément langue officielle pour les actes administratifs, l'état civil, les registres d'impôt, etc., tentative impolitique au premier chef pour forcer nos sujets à se forger une langue nationale et dont le résultat le plus clair a été de les éloigner davantage du français.

Ou bien, dans nos pays de protectorat, Annam et Tonkin, exiger de la cour de Hué une modification des examens officiels qui imposerait aux lettrés la connaissance du *quoc-ngu*, c'est se ravaler aux yeux de nos protégés en leur demandant une étude insignifiante et sans valeur que, fort heureusement, ils ont toujours méprisée, et qu'ils méprisent encore en leur for intérieur. Entrer dans cette voie serait absolument méconnaître les leçons de l'expérience produite par la diffusion officielle du *quoc-ngu* en Cochinchine.

Demandons plutôt à la cour de Hué que les futurs bacheliers et licenciés, outre les lettres chinoises, connaissent par surcroît le français, et fondons des écoles pour aider à obtenir ce résultat. Nous ferons ainsi servir la savante organisation administrative de l'instruction publique en Annam, à l'œuvre éminemment utile de la diffusion de la langue française.

L'objection que je réfute en ce moment a au moins à son actif qu'elle marque un progrès très sérieux acquis à la suite de toutes ces discussions. On ne

paraît plus contester que le but final doive être la
propagation de notre langue nationale. On paraît
même désirer ce résultat, quelque peu platonique-
ment, il est vrai. Nous ne verrons peut-être plus
émettre cette théorie, fantaisiste entre toutes, qui consiste à prétendre que vingt-deux lettres peuvent constituer un lien quelconque entre deux nations, alors
même que la valeur conventionnelle de la plupart de
ces lettres ne différerait pas d'une langue à l'autre, au
point de faire prononcer, par exemple : *tio* pour *cho*
(chien) ; *ia* pour *da* (oui) ; *chœu* pour *so* (peur) ; *sié*
pour *xe* (voiture).

Je ne puis donner que des à-peu-près de prononciation, mais ils sont suffisamment caractéristiques.

Une autre objection complètement inattendue est
celle-ci. Nous devons tenir compte des religions des
Annamites et enseigner simultanément : le *quoc-ngu*
aux catholiques, les *chu-nom* aux bouddhistes, et les
chu-nhu aux confucianistes. Pour mes camarades de
l'Indo-Chine, je me borne à répondre que je désire
rester dans les limites d'une discussion sérieuse. Pour
les autres personnes qui liraient ceci, j'ajoute que
ces trois écritures, nullement identifiées à des religions quelconques, coexistent en Indo-Chine ; que sous
le gouvernement annamite, la dernière, qui est le chinois, était seule enseignée officiellement ; que le gouvernement français n'a ni à se préoccuper de l'étude de
ces trois écritures, ni à la contrecarrer. Quoi que nous
fassions, elles subsisteront encore longtemps en dehors
de tout enseignement officiel. Les questions de religions et les questions de langues sont et doivent rester distinctes en soi ! Pour nous, il ne doit y avoir que
des instruments différents à utiliser tous en vue du but
final, la diffusion des idées françaises qui doivent être
inséparables de la langue française.

La dernière objection que j'ai rencontrée est celle-ci.

Il est à craindre que la brusque suppression du *quoc-ngu* ne déracine l'influence des missionnaires.

Précédemment j'ai déjà établi qu'il n'est pas question de supprimer le *quoc-ngu* ni brusquement, ni même lentement, cette écriture devant durer autant que la langue annamite, et se répandre même avec la propagation de notre langue et de nos procédés d'écriture; que je ne combattais que l'organisation de l'enseignement officiel basé sur ce *quoc-ngu*, et les dépenses des millions consacrés à cet enseignement. Libre aux missionnaires de l'employer à leur guise après comme avant la conquête.

Je rencontre là une subite et surprenante sollicitude pour les missions. Je préférerais avoir sur ce point l'avis des intéressés, c'est-à-dire des missionnaires eux-mêmes. Ils diraient ce qui leur est le plus profitable entre la diffusion officielle de cette écriture, diffusion qui n'a nullement servi leurs intérêts en Cochinchine française, malgré qu'ils puissent revendiquer le stérile honneur d'y avoir introduit cette écriture, et entre la suppression, non du *quoc-ngu*, mais de son coûteux enseignement officiel. Ne resteraient-ils pas libres de parler et d'écrire à leur guise aux catéchumènes, dans le cas où nous les engagerions à enseigner le français à leurs enfants chrétiens, surtout si nous leur allouions le moindre grain de mil, c'est-à-dire les subventions qu'ils auraient méritées? On confond encore ici des questions distinctes : on paraît partir de la supposition complètement erronée que je veux empêcher de parler et d'écrire l'annamite. J'attendrai donc la réponse des missionnaires et non celle d'avocats subitement convertis à leur cause. Les missionnaires passent généralement pour être très au courant de leurs intérêts. Ne soyons donc pas plus royalistes que le roi. Quant à l'importance de leur œuvre, elle ne peut être mise en doute par personne.

L'histoire du peuple annamite nous révèle, en effet, dans le passé, un esprit de race des plus vifs que notre domination, notre simple contact, apportant des idées nouvelles, transformeront certainement en esprit de patriotisme au sens où nous entendons cette expression en Europe. Actuellement, sans les missionnaires et leurs 600 000 chrétiens qui rompent pour ainsi dire l'homogénéité de la race, notre tâche serait infiniment plus difficile. Nous devons parer, de loin, aux périls de l'avenir, par ces mêmes missions et par la diffusion de la langue française.

Je crois en avoir fini avec les diverses objections que j'ai pu recueillir sur les journaux ou dans les comptes rendus des congrès. Je les ai soigneusement reproduites afin que le lecteur soit à même de se faire une opinion raisonnée, et de juger si elles sont capables d'infirmer le double vœu adopté par la section indo-chinoise et sanctionné par l'assemblée plénière du Congrès colonial.

Tenant compte des situations respectives des différentes parties de notre Indo-Chine, ces vœux font une distinction essentielle entre les pays de protectorat, le Tonkin, par exemple, où ils se bornent à poser le principe, à tracer nettement l'objectif futur, et entre la colonie d'administration directe, où un fort budget de l'instruction publique est en grande partie si mal employé.

Il est à remarquer que le Tonkin est pour ainsi dire en meilleure voie que la Cochinchine française. Récente conquête, il a échappé à peu près à la mauvaise influence du *quoc-ngu* répandu officiellement à profusion et pris comme base de l'enseignement. Bénéficiant de ce fait, la langue française s'y trouve relativement plus répandue que chez les indigènes de la Cochinchine. Ceci ne tendrait-il pas à confirmer ce que j'ai dit plus haut : les millions dépensés

en *quoc-ngu* officiel n'ont qu'un résultat très net :
celui d'écarter les indigènes de l'élude, de l'usage de
la langue française?

Plusieurs fonctionnaires, au Tonkin, éclairés par
l'expérience de la Cochinchine, paraissent décidés à
faire leur possible pour empêcher que, sur les bords
du Fleuve Rouge, *petit quoc-ngu ne devienne très
grand*.

De leur côté, les Comités de l'Alliance française
paraissent actifs et dignes des plus grands éloges,
dans ce pays.

A lointaine distance, nous nous apercevons beaucoup moins de l'action des Comités de la Cochinchine française, où je connais pourtant une foule
d'hommes distingués. Ce serait presque à se demander
si les 30 millions dépensés en trente ans pour la diffusion et l'organisation officielle du *quoc-ngu* n'ont pas
agi également sur les Français, endormant nos amis
ou oblitérant chez eux le sentiment de la situation.
Auraient-ils été fascinés par cette grande production
de livres en *quoc-ngu* aussi charmants à considérer
avec les *barbes* et autres signes barbares qu'harmonieux à entendre, même lorsqu'ils visent à former
l'esprit de nos sujets en leur racontant en annamite
l'histoire de l'Annam ou l'histoire de la Chine? C'est
ici pourtant, plus qu'au Tonkin certes, qu'il n'y a plus
une heure à perdre ni un sou à dépenser d'une
manière inutile ou nuisible!

Je ne puis insister davantage sur ce sujet délicat.
Mieux vaut revenir aux considérations générales, et
inviter nos amis de la Cochinchine française à
réfléchir sur la rigoureuse appréciation d'un géo-
graphe éminent qui est doublé d'un ardent patriote.
Il condamne très durement la conquête de l'Indo-
Chine, où il ne présage que malheurs si nous ne pouvons y répandre notre langue.

Je passe donc la parole à Onésime Reclus, en priant nos Cochinchinois de ne pas oublier que de pareilles idées font leur chemin en France.

Nous lisons dans *Nos Colonies*, édition de 1889 :

« Saïgon règne sur la Cochinchine, la seule de nos colonies (avec Pondichéry) qui nous donne plus qu'elle nous coûte, pécuniairement parlant; mais il ne faut pas mesurer la valeur d'un pays d'outre-mer à ce qu'il vide ou remplit plus ou moins la caisse de l'État. La métropole arrachée à sa torpeur, la colonie cessant d'être un désert, ou de terre barbare devenant terre humaine, l'éveil et le croisement des entreprises; le pavillon courant sur les mers; LA LANGUE DE LA PATRIE CONQUÉRANT DES FOYERS ET SES CHEFS-D'ŒUVRE DES AUTELS, c'est pour cela surtout qu'il faut essaimer au delà des Océans. » (Page 487.)

« Prendre un grand pays, un fleuve illustre, 700 à 800 lieues de côtes, 15 à 20 millions d'hommes, c'est moins que rien SI L'ON NE PEUT TOURNER CE PEUPLE A VOUS RESSEMBLER PAR L'ESPRIT, L'AME ET LA LANGUE. » (Page 489.)

« Que faire puisqu'on ne se résout pas à l'abandon, qui serait bon et beau ?...

« IMPOSER, INSINUER PLUTOT NOTRE LANGUE. » (P. 490.)

Moi qui ai passé ma vie en Indo-Chine, je ne puis que réprouver ce mot *abandon*. Mais pour vous tous, camarades, j'ajouterai que, si heureusement l'abandon n'est pas en jeu, il y a le plus ou moins d'affection, le plus ou moins de popularité, et, sous ce dernier rapport, l'Indo-Chine est très mal lotie. Dans l'intérêt de notre œuvre à tous, dans l'intérêt de la cause qui nous est chère, aussi bien que dans l'intérêt de ce que nous devons placer au-dessus de tout, la Patrie, il est temps de s'arrêter sur la fausse route où nous sommes engagés. Ce n'est pas sans un sentiment d'amer regret que nous devons penser à ce que serait aujourd'hui la Cochinchine française si, depuis trente ans, les 30 millions prodigués au *quoc-ngu* officiel (qui ne peut échapper à l'alternative d'être inutile s'il est sans résultats, ou d'être nuisible s'il amène un résultat quelconque) avaient été employés judicieusement à répandre la langue nationale. 100 000, 200 000 Annamites la baragouineraient. Plus ou moins bien, mais peu importe, ils seraient sur la voie du progrès. Déjà maintenant, nos livres s'écouleraient en quantité chez eux. Nos marchandises suivraient les livres. Ce tarif général des douanes, si ruineux à l'heure actuelle, n'aurait peut-être pas été reconnu ici nécessaire, ou bien il serait moins nuisible là-bas. La Cochinchine, et, par suite, l'Indo-Chine entière seraient plus populaires en France. Entre les deux peuples se créerait peu à peu le lien le plus puissant aujourd'hui : celui de la langue.

En effet, si nous ne pouvons préjuger quels seront les faits généraux, les principes, les idées, les sentiments qui réuniront ou diviseront l'humanité, qui l'agiteront dans l'avenir, dans quelques siècles, nous pouvons reconnaître que le fait dominant est, en ce moment, la communauté de langue. Le verbe tend à remplacer la religion, qui faisait s'entr'égorger les hommes il n'y a pas longtemps. Le verbe commun constitue les nationalités réelles. Au point de vue commercial aussi bien qu'au point de vue intellectuel, il réunit les peuples à travers les plus vastes océans.

Je citais tout à l'heure Onésime Reclus.

Si nous lisons le volume sur l'Amérique du Nord que publie son frère Élisée, plus célèbre encore, nous y voyons combien les États-Unis, malgré une séparation violente, travaillent et travailleront à la gloire et à la richesse de l'Angleterre. Ce sont des livres de ce genre qui contribuent fortement à cette genèse des idées en France, dont ne paraissent pas se douter nos compatriotes fixés en Cochinchine, à en juger par leur inaction.

Qu'on me permette encore de prendre au Canada l'exemple d'un fait caractéristique à l'appui des considérations que j'invoque. J'aime à citer ce pays, parce que je suis avec vif intérêt la lutte aiguë, quoique pacifique en apparence, qui s'y continue, la lutte la plus décisive peut-être pour l'avenir de notre race, de notre langue.

Les Canadiens francophones, établis antérieurement dans ces contrées, accueillirent avec sympathie les Irlandais catholiques, mais anglophones. Ceux-ci sont devenus, clergé en tête, les pires ennemis de nos frères de race, Celtes comme eux. L'Irlandais, ayant perdu sa langue et reçu le verbe de ses conquérants, semble prendre à tâche de vouloir effacer jusqu'au souvenir de ce malheur, en l'imposant à son tour, avec acharnement, aux autres races. Devant la force de ce sentiment cède le lien de la religion, cède même la haine des conquérants, haine avivée chaque jour pourtant par le spectacle des souffrances et des revendications de la verte Erin.

Avant de terminer j'ajouterai quelques mots sur deux points effleurés dans mon mémoire au dernier congrès.

« Les individualités, même brillantes, n'ont d'autre mérite réel que de permettre de mieux entraîner les masses », ai-je dit.

Sur ce point, les leçons péremptoires de l'histoire abondent. A la suite de la conquête de Guillaume le Bâtard, l'Angleterre, dominée par les barons normands et poitevins, eut le français pour langue officielle pendant plusieurs siècles. La justice était rendue en français. Mais ce n'était que la langue de l'aristocratie et elle fut submergée à la longue par la marée montante de l'idiome populaire, qui donna son fond, son génie anglo-saxon au langage moderne des insulaires, malgré l'énorme quantité de mots français introduits par cette longue domination. Et, sur les deux rives de la Manche, les peuples restèrent séparés par la langue plus encore que par les abîmes de l'Océan. Cinq cents ans de guerre s'ensuivirent.

Tout près de notre Cochinchine, les Cambodgiens conquirent et dominèrent pendant des siècles les Siamois, mais ils ne surent pas imposer leur langue au peuple, se bornant à lui donner l'aristocratie, les mandarins, les institutions, la religion et la civilisation. Les liens se relâchèrent, les vaincus se détachèrent. Pendant des générations, l'aristocratie siamoise resta cambodgienne, parlant la langue khmère. Puis, peu à peu, le flot du langage populaire engloutit l'idiome des chefs, gardant, il est vrai, de nombreux mots, en particulier tous ceux qui se rapportent au gouvernement, à l'administration. Mais le fond de la langue resta *thaï*, et malgré l'identité de religion, de civilisation, les deux races formèrent deux nations distinctes qui se sont déchirées cruellement jusqu'à nos jours.

Les Annamites, au contraire, surent, grâce à leur organisation chinoise, assimiler les vaincus : Ciampois ou Cambodgiens, et nous laisser des exemples dont nous devons nous inspirer chez eux.

Il importe donc de ne pas enseigner la langue seulement aux notabilités, aux classes dirigeantes; il faut viser à prendre tous les enfants du peuple, les filles aussi bien que les garçons. Plutôt par groupes, villages, ou communes, de-ci de-là, d'abord aux environs des principaux centres européens, ou dans des villages catholiques, partout où les bonnes volontés se manifesteront. C'est ce que j'appellerais *fixer la langue au sol en lui faisant prendre racine*. N'est-il pas scandaleux, par exemple, qu'il n'y ait pas une école primaire de français pour les indigènes à Saïgon ou aux environs de cette capitale? Mais, en revanche, les écoles de *quoc-ngu* abondent !

Faut-il au peuple un gros bagage? On me citait à ce propos l'opinion d'un célèbre auteur constatant que le vocabulaire du paysan anglais qui, intellectuellement, vaut le campagnard de n'importe quelle contrée, ne dépassait pas trois cents mots. Même en ne la prenant pas à la lettre, l'observation est éminemment suggestive et de nature à nous remplir d'espoir.

Est-il même nécessaire que le peuple possède bien, sache correctement ce petit bagage littéraire? Nullement. La perfection importe peu, elle viendra toute seule dans la suite. Donc, pour faciliter le plus possible les débuts, je propose d'organiser systématiquement l'enseignement de ce que j'appelle le sabir, le parler nègre, aux verbes sans temps ni modes, qui offre l'avantage capital de pouvoir être répandu partout à peu de frais, et à bref délai, en le substituant au *quoc-ngu* dans les écoles primaires existantes, ce qui ne serait possible de longtemps pour le français correct. Le sabir est un instrument forcé de transition pour tous les pays où des indigènes apprennent le français, et c'est un instrument admirablement utile. Il fait journellement ses preuves en Algérie, non pas dans les cent écoles franco-arabes, péniblement et pauvrement organisées dans ce pays où les allocations budgétaires consacrées à l'instruction des indigènes sont dérisoires, mais dans ce qu'Élisée Reclus appelle la grande école de la rue et du marché. Par la nature même des choses, l'instrument fonctionne perpétuellement, prenant des indigènes ignorants, les dégrossissant eux ou leurs enfants et les affinant au point de les amener à parler français très correctement.

En Cochinchine, le premier pas est de faire passer les indigènes du monosyllabisme de leur idiome au polysyllabisme de notre langue. Le résultat à chercher est que celle-ci donne le fonds du langage futur, sauf à se servir d'une foule de mots annamites, ainsi qu'en usent déjà les indigènes instruits qui correspondent entre eux, mêlant le français et l'annamite dans leur correspondance. En ceci, mes propositions diffèrent radicalement d'une intéressante théorie émise par M. Forestier, il y a bientôt dix ans, à son conseil d'arrondissement, de Gocong, je crois. Constatant que la langue annamite était trop pauvre, trop incomplète, il proposait de l'enrichir par des mots français. A mon avis, ce serait une impasse.

J'ai expliqué pourquoi antérieurement, en citant les monosyllabes : *mat, lô, xa, lup*, etc., qui annamitisent des mots français. La chose fût-elle possible, elle n'en resterait pas moins une faute capitale. Ces mots introduits ne peuvent constituer un lien entre les deux nations. Qu'on veuille bien se reporter à ce que je viens de dire des Anglais ou des Siamois, qui ont reçu plus de mots français ou cambodgiens que nous ne serons à même d'en fournir aux Annamites pendant un siècle ou deux. *Sabir* pour *sabir*, choisissons au moins celui dont la base sera française?

Nous devons donc viser à répandre notre propre fonds usuel dans les masses indigènes, sauf à le laisser émailler pendant longtemps d'une foule d'expressions indigènes dont notre langue ne possède pas les équivalents exacts. A cela, je le répète, il n'y a pas d'inconvénient. Qui de nous n'a entendu par exemple des chasseurs français racontant leurs exploits en se servant de maints termes indigènes? On peut même dire que tous les Européens de Cochinchine emploient dans la conversation quantité de mots annamites, souvent sans y penser.

Dans ce sabir à créer systématiquement il y a tout naturellement à considérer trois éléments : l'orthographe, la grammaire et le vocabulaire. Seule, l'orthographe exige une étude préparatoire sérieuse de la part des organisateurs. Il faut absolument qu'elle soit uniforme. A mon avis, on devrait partir du principe suivant : simplifier et régulariser le plus possible l'orthographe du français, sans oublier toutefois que nous ne cherchons qu'une transition préparant à l'étude du français correct. Il faudrait donc se garder de tomber dans les excès des écoles phonétistes qui supprimeraient toute orthographe en France même, qui voudraient baser l'écriture exclusivement sur la prononciation, élément essentiellement muable, variable et souvent défectueux.

Par exemple on pourrait affecter le *c* d'une cédille partout où il a le son doux, même devant *e* et *i*. Ce petit signe, altérant très peu la physionomie des mots, sera facilement supprimé par ceux qui perfectionneront leurs études de français. *Ville* devrait s'écrire *vile*, en réservant *ll* pour la prononciation mouillée de *fille*, par exemple. *Comment*, *femme*, pourraient être écrits *commant*, *fame*. Il ne manque pas en France de gens du peuple orthographiant de la sorte, et, en pareilles questions, nombre de grands écrivains des siècles précédents n'y regardaient pas de très près, l'orthographe n'ayant pris qu'en ce siècle-ci une importance générale. Mais considérant que ce sabir n'est qu'une transition, nous devons lui maintenir l'orthographe des diphtongues *ai*, *oi*, *ou* et orthographier correctement *vrai*, *soif*, *voir*, *jour*.

En un mot rectifier seulement les anomalies trop prononcées.

La grammaire exigerait la suppression des temps, des modes, en conservant à peu près le verbe à l'infinitif, avec les troisièmes personnes du singulier des expressions usuelles : *il peut*, *il faut*, etc. Peut-être pourrait-on garder un rudiment de conjugaison qui comprendrait seulement l'indicatif présent des verbes réguliers, dont l'usage permettrait d'augmenter considérablement la correction relative des phrases. Mais il y aurait grand inconvénient à dépasser ce minimum. Certes le sacrifice que je propose est grand, mais il faut considérer que nous sommes ici en présence de la difficulté capitale. Ce tout petit rudiment de conjugaison, qui dans les livres pourrait être reporté en appendice, familiariserait un peu les enfants annamites avec ce monstre si nouveau pour eux.

En somme, des phrases telles que celle-ci : *moi aller promener demain*, correspondent littéralement à l'annamite : *toi di choi dén mai*. Les Français peuvent très bien les comprendre ; et elles sont baragouinées tout d'abord par les indigènes de tout pays. Avec très peu de modifications, le sabir devient vite du français correct dans des phrases de ce genre : *le soleil est très chaud ; mieux vaut tenir que courir*.

La question du vocabulaire n'a pas d'importance, si l'orthographe spéciale a été adoptée préalablement pour les livres de sabir à faire. Selon la nature et la grosseur de ces livres, le nombre des mots peut varier de quatre cents, six cents à huit cents, un millier au plus. Ce vocabulaire usuel ne doit pas être riche et étendu, sous peine d'empiéter sur les études de français correct qui sont l'objectif final.

Incidemment, il me reste à dire comment j'entendrais l'organisation du service de l'enseignement en Cochinchine. Les écoles d'arrondissement doivent être fortement constituées avec directeur français, professeurs français restant toujours groupés, professeurs ou répétiteurs indigènes. Ces écoles relèveraient du Directeur de l'enseignement, et en tout temps elles pourraient être inspectées par les administrateurs pour les questions d'ordre non technique.

Elles enseigneraient le français correct. De plus, elles formeraient, mécaniquement pour ainsi dire, des professeurs de sabir, en employant des méthodes simples et rigoureusement appliquées. Il est absolument nécessaire d'exiger ici la plus complète uniformité.

Par parenthèse, que dorénavant on ne craigne pas de donner en prix des romans intéressants, amusants même ! Je ne parle pas, certes, des écrivains licencieux, mais tel auteur mis à l'index par des gens trop pudibonds est cependant bien inoffensif. Quelques gros mots ! Bah ! les Annamites n'ont pas les oreilles délicates, chacun sait ça.

L'action assimilatrice du roman peut être énorme.

Le Service de l'enseignement se bornerait donc à enseigner le français correct et à former les petits instituteurs de sabir pour les communes. Quant aux écoles communales, tenues par ces instituteurs et enseignant le sabir, elles doivent être exclusivement sous le contrôle et la haute surveillance des administrateurs. On sait qu'en Cochinchine c'est le seul moyen d'obtenir des résultats sérieux pour toutes les questions où il faut agir directement sur les indigènes. Avec des livres simples et à bon marché, des instituteurs nombreux mais faiblement rétribués, et des administrateurs adroits, l'étude et, insensiblement, l'usage de ce français rudimentaire peuvent devenir chez nos Annamites une affaire de mode et d'engouement.

Plus tard, ce sabir sera on ne peut plus facilement étouffé par le français correct, dont l'étude sera progressivement exigée de tous ceux qui désirent acquérir une certaine instruction.

La matière est délicate. En toute sincérité j'ai donné mes idées, qui paraîtront peut-être étranges à première vue. Hardies, elles choquent non seulement toute routine, mais aussi beaucoup d'idées reçues. Je ne puis donc avoir la prétention de les imposer. On m'accordera qu'elles méritent d'être examinées, discutées et, au besoin, amendées, rectifiées. De la collaboration de tous doit sortir la meilleure voie à adopter. L'essentiel est qu'on adopte une solution, et qu'on agisse avec esprit de suite. La tâche est relativement facile dans la Cochinchine française, pays peu étendu, où les facilités matérielles sont considérables, où 2 millions d'hommes sont groupés, et qui est étoilé de nombre de centres importants où les Français résident depuis longtemps. De la Cochinchine, les méthodes d'enseignement et la diffusion de la langue gagneront naturellement le reste de nos possessions.

Je ne saurais donc trop faire appel aux Français de tous les chefs-lieux de cette basse Cochinchine pour les engager à se réunir, s'entendre, discuter toutes ces questions. Qu'ils invitent aussi les indigènes de distinction à participer aux réunions, aux discussions qui ont pour objet la propagation de la langue. En un mot, qu'ils s'organisent en Comités locaux de l'Alliance française, la grande œuvre qui fédérera un jour, je l'espère, tous les patriotes répandus sur la surface du globe!

Puis individuellement, ou collectivement, qu'ils se mettent en relation avec M. le Secrétaire général de l'Alliance, 27, rue Saint-Guillaume, à Paris.

Paris, 15 avril 1890.

COULOMMIERS. — IMP. P. BRODARD ET GALLOIS.

La France Coloniale, — histoire, — géographie, — commerce, par M. ALFRED RAMBAUD, avec la collaboration d'une société de voyageurs et de géographes. 1 volume in-8° de 750 pages avec 12 cartes en 3 couleurs, broché. **8** »

L'Expansion de l'Angleterre, deux séries de lectures, par J.-R. SEELEY, professeur à l'Université de Cambridge, traduites de l'anglais par M. le Colonel BAILLE, et M. ALFRED RAMBAUD. 1 volume in-18, jésus, broché. **3 50**

Géographie générale, livre-atlas contenant 112 cartes ou cartons en couleur, placés en regard du texte, gravures et profils, relief du sol, hydrographie, voies de communication, industrie, commerce, statistique, index alphabétique, présentant 6 500 noms géographiques, par M. P. FONCIN, Inspecteur général de l'Université. 1 vol. in-4°, rel. toile. **12** »

Histoire de la Civilisation française, par M. ALFRED RAMBAUD, professeur à la Faculté des lettres de Paris. 2 volumes in-18 jésus, brochés. **8** »

Histoire de la Civilisation contemporaine en France, par M. ALFRED RAMBAUD, 1 vol. in-18 jésus. **5** »

Paris. — Imp. E. CAPIOMONT et Cie, rue des Poitevins, 6.

www.ingramcontent.com/pod-product-compliance
Lightning Source LLC
Chambersburg PA
CBHW070932280326
41934CB00009B/1846

* 9 7 8 2 0 1 2 6 8 1 8 4 2 *